Male and F

Male and Female

Developing Human Empathy

Baruch Luke Urieli

TEMPLE LODGE
London

Temple Lodge Publishing
51 Queen Caroline Street
London W6 9QL

www.templelodge.com

Published by Temple Lodge 2001

A catalogue record for this book is available from the British Library

ISBN 1 902636 25 2

Cover by S. Gulbekian
Typeset by DP Photosetting, Aylesbury, Bucks.
Printed and bound by Cromwell Press Limited, Trowbridge, Wilts.

Contents

Foreword

'Fools rush in where angels fear to tread,' wrote Alexander Pope (1688–1744). Some might think that Baruch Urieli entered a sociological and political minefield in exploring the landscape of 'men and women'. That he has succeeded is no doubt due to the experiences he has gathered and the wisdom that has borne fruit from his particular biography. More than 50 years of that biography were shared with his wife Tamar, who therefore contributes to the genesis of this book, albeit on the whole indirectly.

The author spent his early childhood in Vienna, the son of a freethinking Jewish writer. Besides absorbing some of the cultural and intellectual richness of pre-World War Two Vienna, his insatiable appetite for books was well nourished by his father's extensive library. His exposure to the Jewish faith was limited to experiencing the High Festivals at the synagogue with his grandparents. His first meeting with Christianity as a spiritual path rather than merely a tradition occurred as a youngster in Denmark *en route* to Israel as a refugee from Nazi persecution. As a young man in Israel he subsequently discovered anthroposophy, and for many years his study of this path found its practical application in curative education and social therapy until, at the age of 50, he was ordained as a priest of the Christian Community.[1]

This background has enabled him to write a wholly contemporary account of the subject addressed in this book, which neither seeks to be authoritative, nor attempts to be politically correct. Rather, with sweeping strokes, he fashions a multidimensional picture. From the past the threads of the male and female elements in cosmic evolution are described, leading on to mythological and then Judaic-Christian traditions, culminating in the situation of contemporary western culture. An image of male and female archetypes is developed in which the differences between them are seen in the light of their complementary physical bodies and etheric or life forces which, through the fructification of their mutual need for one another, enable ultimate creativity as procreation to take place. This growth and fruition is described in the context of marriage as the archetypal human relationship, which is explored in its five-year rhythms, in contrast to the seven-year rhythms of individual human development.

Homosexuality is briefly touched on and explained as having to do with a particular interrelation of the physical bodily forces with the etheric or life forces, but the writer is careful not to be sidetracked by the many related contemporary issues, though these are referred to where relevant.

From the traditions of the past and the chaos of the present, the author looks to the future with hope and promise. The subject of 'empathy' has been the theme of his latter years and he brings it to bear as a guiding star for male-female relationships of the future, built on inter-recognition, inter-acceptance and inter-dependence. Through the ever-increasing power of empathy, he suggests, it will become possible for individuals and couples increasingly to perceive their destiny as individuals, together, and in relation to the creative powers of procreation, thereby bringing a new order into this realm of human and world evolution.

Baruch Urieli, as a man of the twentieth century, is perhaps one of those people whose contribution leads into the future. His concern with the theme of 'empathy' developed around the time of 'life's completion', i.e. in his early sixties, like the fruit of a lifetime leading into the future. Thus this slim volume may be seen as a gift from the past for the future.

Nick Blitz MD
May 2000

Introduction

This book has been developed out of three talks given by the author on Good Friday, Holy Saturday and Easter Sunday 1998 as an endeavour to mark the fiftieth anniversary of his marriage with Tamar. The talks were in the first place an attempt at thanksgiving for the grace of a life-long relationship and for the manifold gifts this brought, in its joys as well as in its sorrows. They were furthermore an endeavour to give these thanks in a way befitting the fact that this golden anniversary fell right in the centre of what one might call the three holiest days of the year.

There is also a further, third, reason for writing this book. Both the present author and his wife Tamar spent their childhood and early teens in Vienna during the period when the city had become the hotbed of psychoanalysis and depth psychology. This world engendered a degree of fascination, for it broke old taboos and brought into the open a realm previously well hidden from view. Yet soon enough the fascination was accompanied by a growing disappointment and the feeling that something was fundamentally wrong with the way in which these things were represented. There was a pioneering ingenuity, certainly, but this ingenuity had lost its way in that entirely new land of discovery.

Out of this there grew in the young man a wish for the future: that he would be able at a mature age to review this new land in a way compatible with the dignity of the human being. The accumulated experience of more than 50 years of married life, as well as a five-year struggling friendship preceding it, is the basis on which this book rests. However, it could not have been written without acquaintance with the insights of Rudolf Steiner and work involving the practical application of some of those insights over those same many years as a teacher, curative teacher and later as a priest. All this has provided light and guidance in the jungle of approaches to this rediscovered old world and also raised the courage necessary for a new voyage of discovery.

Part I

Division, Conflict and Complementation

1. The androgynous human being and the need for division into male and female

Early tradition is aware of the fact that in primal times the human being still united the later male and female qualities in a single existence. The primal human being—called Adam Kadmon in Hebrew—was androgynous (*andros* being the Greek word for man, *gyne* the Greek word for woman). It should also be noted that the passage in Genesis (1, 27) which says that man (Adam in Hebrew) was male and female does not indicate that both man and woman existed at that time but that the human being was still androgynous. Rudolf Steiner's investigations mention a time which he called Lemuria.[1] Geological science would call this the period preceding the Trias which, according to present-day calculations, is a period more than 150 million years ago.[2]

At that time the state of aggregate of the earth was still one of fiery warmth mingled with gaseous ingredients and fluids which at times assumed a gelatinous or horn-like consistency. The 'earth' was much larger in size, its circumference being large enough to encompass the present orbit of the moon or even larger, and it still included what is now the moon. In that great breadth of existence, primal man, who still contained within himself the whole abundance and variety of all that is human, was able to find a flexible foothold.

As it became increasingly gelatinous and horn-like the earth shrank and hardened more and more towards its present basically solidified state, making it impossible for the tremendous breadth of what is human to remain contained within a single existence. A critical point was reached in which the division of the previously androgynous human being into male and female became a developmental necessity.

The outer transformation of the human being's habitat brought with it an inner change. Adam Kadmon was a being of very wide consciousness, but it was a consciousness that may be compared with the type of consciousness human beings now have in *deep sleep*. The image of the eagle gives expression to this vastly expanded deep-sleep consciousness. When the 'earth' had densified so much that the division into two sexes became a necessity the consciousness of the human being rose to become a *sleep*-consciousness. The images of bull and lion provide an imagination of what was then the consciousness of man and of woman.

In attempting to reach a preliminary understanding of what the newly arisen qualities and worlds of male and female were, it will be best not to go in for any kind of description or image. Instead we shall have to enter with an empathic volition into the fundamental gestures which indicate the direction of the creator forces that formed male and female, man and woman. This may enable us to gain an initial access to the mysteries of manhood and womanhood.

What is the gesture of womanhood? It is an all-embracing, peripheral gesture that receives, that carries, that is open to whatever may come. It has a universal and cosmic breadth. The male gesture, however, is one that is directed firmly towards the earth. It is determined, thrust out of the cosmos and into the ever firmer and harder ground of earth existence. It has the urge to enter ever more closely into this earth existence, to penetrate it and in penetrating it to transform it. This is a preliminary sketch of these two totally different, indeed totally opposite gestures. They manifest as two separate worlds and yet, seen from a wider perspective, as two worlds that actually complement one another.

Traditionally these two worlds are indicated by the planetary signs of Venus ♀ and Mars ♂. If we meditate on these signs we discover that they describe adequately the two worlds of the separated sexes. ♂ indicates the thrust out of a cosmic breadth towards a singular, individualized existence on a firm earth. ♀ tells of living in the embracing and sheltering breadth of the cosmos; it speaks of the longing to be as wide and as sheltering as the cosmos, and of the pain—and joy—which such an urge will necessarily bring with it for an earthly human being; it is a cross to bear that brings with it a joyful pain and a painful joy which reaches its climax at the moment of giving birth.

2. The mystery of procreation

The reality of these two creator gestures also shows in the sphere of human procreation. They are depicted in the organs of procreation with their specific round or pointed and elongated forms; they shape the ovum and the sperm.

Furthermore they are the movers of the process of procreation, a process that begins with the penetration of the sperm into the ovum. This has two consequences: the ovum is thrown into chaos and a process of explosive proliferation of substance is set in motion. Thereby the gesture of the thrust into the earth and the urge to transform it begins to manifest. During the following 10 lunar months—or 9 solar months, as they are counted nowadays, less correctly—the ovum grows from the size and substance of a pinhead to the size and substance of a newborn baby.

The thrust of this explosive process of enormous proliferation is held and sheltered by the female gesture. This holding, containing gesture is of a listening nature whereby the immense cosmic wisdom of the forms that shape the proliferating substance unfold in a formative process. In this way the incarnating individual can find a suitable foothold and home on earth and eventually become a citizen of the world.

Two fields of forces hold each other in a living and quivering balance in this process: the substance-proliferation process initiated by the thrust of the male and the formative process perceived and received by the listening openness of the female.

The realm in which this immense creator process should

be initiated is the consciousness of sleep. It is not merely a matter of convenience or custom that we speak in English of 'sleeping together' or in German of '*Beischlaf*'. The spirit of language is wiser than our latter-day understanding. In earliest times the coming together of man and woman was entirely instinctive, with human instincts being fully led by divine inspiration. Later on, as consciousness awoke ever more in this realm and consequently outer temptations and self-centred drives gained access to it, the guidance of procreation was handed over to the spiritual leadership of the social context in which human beings lived. Still later, it was family insight and tradition which guided it, until finally any such insight and any power of tradition broke down completely in more recent times, whereupon humanity entered a state in which individuals now have to find out—often very painfully—whether or not they belong together.

The story of the conception of Jesus as told in the first chapter of the Gospel of Matthew can be understood in the light of tradition. Emil Bock explains in his book *The Childhood of Jesus* that Jesus was conceived in a state of sleep induced in the temple and that Joseph was therefore not aware of his fatherhood.[3] At that time the so-called temple sleep was still a measure whereby procreation could be guided by spiritual leaders in order that special destinies might be fulfilled in accordance with the intentions of the divine world.

Those and earlier times saw the phenomenon of temple prostitution which is the shadow image resulting from the failing ability to enter sleep-consciousness in order to follow the guidance of the divine world in the realm of procreation. This institution, which originated in the region of Mesopotamia, was a desperate attempt to haul knowledge out of the realm of sleep-consciousness, a later variation on the building of the Tower of Babel. People were trying to reach mystery knowledge in a way that was doomed to fail.

Today we find ourselves in a similar situation: divine guidance is lost, and guidance by tradition or social convention has become unacceptable. In consequence many a woman will experience male-female partnership or marriage as one in which she becomes 'cook and prostitute'. This is how Donna Williams described her partnership situation in her book *Nobody Nowhere*[4] in which she has struck a note which thousands of women have experienced at least for periods of time without expressing it in this frank way.

How can we move on from this situation? Is there a new approach to the holy realm of sleep which is suitable for an increasingly conscious humanity?

3. The story of creation in Genesis

At this point it may be helpful to look in more detail at the story of creation as told in the Old Testament. All peoples have their own specific creation myth. When comparing these we must free ourselves from the arrogant view that these myths are merely primitive attempts to explain the roots of a particular nation and its history. We must take into consideration that the creation myth of a specific people will focus on the point in a very long and complex history of the universe which is decisive for the development of the national character of that people and for its specific contribution to the evolution of human civilization. The story of creation in the Old Testament focuses on the point in time when the primal human being had to divide into male and female. A duality and a polarity comes to the fore, indicating that this is an evolutionary focal point for a nation that is to develop a new degree of consciousness by the power of a sharp intellect, by the ability to look into the clear mirror of the intellect and form judgements based on intellectual clarity. It is understandable that this should be the specific task of a people the mysteries of whose god Yahweh are related to the moon.[5]

The element of duality appears in the very first sentence of the Old Testament: 'In the beginning God created the heavens and the earth.' Heaven and earth are a primal duality. (Even the Hebrew word '*shamayim*' for 'heavens' is a duality. It comes from the root '*sham*' meaning 'yonder' and is a dual form that says in effect 'the yonders'.)

The second duality is the creation of light in the darkness

and the arising contrast of day and night. This is followed by the creation of a third duality, that of sea and land which brings the order and creative tension of duality into a hitherto chaotic 'earth'.

Only after these cosmic preparations can the principle of a consciousness-engendering duality also enter into the paradisaical oneness of man. The duality that engenders awareness as well as conflict has reached the human realm.

This shows us that the division of the primal human being into male and female is an evolutionary step which manifests in spirit, soul and body and indeed right down into the procreative functions of the body. Today, in the period from 1413 to 3573 which Rudolf Steiner termed 'the age of the consciousness soul', the time has come for human beings to enter into life with ever greater consciousness. We are challenged to learn how to cope, in a way that befits our age, with gifts that originated in a time of sleep and dream consciousness. An account of this will be attempted in the third section of this book. But first we must describe the dangers and disasters that arise as the realm of procreation is finally divested of all the protection it once enjoyed and is ravaged by powers of desire and destruction.

4. The reality of the realm of procreation today

As described above, the creator gesture inherent in the male human being is a thrust towards the earth which is able to set off a process of proliferation of substance. It is directed towards the earth, and its innermost aim is to transform the earth and make all things new. These aims can, however, only be achieved in so far as the male thrust is a selfless activity that serves higher aims. In the realm of the bodily encounter of male and female the decisive factor is the degree to which the male thrust serves true love. If it becomes an aim in itself, or if it is forced on the woman, it becomes a destructive force, a death-dealing power. Freud, who was an acute observer of a humanity that had lost its guidance, could not avoid reaching the conclusion that 'thanatos', as he called the death-dealing drive in man, had become a fundamental factor in the human psyche.

The creator gesture of the female human being is one of receptive openness that listens to the divine creative wisdom and prepares an earthly home for formative processes. It thereby brings experiences of joyful pain and painful joy. If this gesture loses its selflessness and becomes an aim in itself the joyful pain and the painful joy turn into burning fire that consumes the human being. Freud focused on this latter phenomenon and called it 'sexus'.

Freud was a child of the age in which the Darwinistic and materialistic world conception dominated the mind of the scientific community and was regarded as factual truth by western civilization in general. In observing and recognizing the forces of 'sexus' and 'thanatos' and describing them as natural and therefore unavoidable parts of human nature, he unwittingly opened the gates of hell. Thus his destiny became a profoundly tragic one, as has been described by Karl König in his essay on Freud and Breuer.[6]

Surveying the history of the past century we can become aware that a consciously directed surge of death-dealing powers has been able to unfold in an unprecedented way. The scientifically organized annihilation camps of Hitler's rule are unique in the history of humanity. They were followed by the Stalinist death-camps and by various outbursts of so-called ethnic cleansing which peaked late in the century in former Yugoslavia. To this was added an entirely new form of the working of thanatos forces—the rape camps of Bosnia, which were a consciously organized way of breaking a population in spirit, soul and body. Consciously applied male brutality reached another unprecedented peak there.

There is also another degree of the working of thanatos which has become ever more prevalent towards the end of the century. This is the vast increase in unmotivated violence and murder, as well as meaningless vandalism, committed especially by teenagers and even younger males. Whilst Nazi Germany still needed a sophisticated 'propaganda machine' to weaken and break down inborn or traditionally ingrained moral barriers, it seems that towards the end of the twentieth century those barriers have actually ceased to exist at all.

We can begin to understand this phenomenon when we realize that very many male souls being born in the latter part of the century found nothing in their earthly setting or education which might have inspired them to transform the earth. Only the thrust towards earth remained of the male gesture, which failed to find a way in which it could be applied to the task of transformation. What else was there for those young males to do but destroy an earth which seemingly cannot nor wishes to be transformed? Many become destructive or violent in this situation while others turn against themselves and commit suicide, as witness the steep rise in teenage suicide.

The ecstatic power of sexus as a fierce cocktail of self-satisfying joy and pain has also swamped the century. Sexuality has become a theme that does not stop at any door and dominates the lives of millions of people. It has become a flourishing trade both in literature and glossy imagery, and even more so in films. It has also increasingly become a trade in human lives that entices girls from poorer countries, who are searching for a job or a career, into degradation and virtual slavery, while drawing tourists in search of child prostitution to places and countries where this is offered.

This dismal scene demonstrates how the twofold gesture given to man and woman by their creator is losing its original innocence and selflessness, thus becoming only half a gesture that opens the door to adversary forces. The male gesture is losing its second aspect, the urge for the transformation of the earth, thereby becoming the home of thanatos, the death-dealing thrust. The female gesture is losing its first aspect, the open, embracing and listening sacrifice, whilst the ecstasy of the mixture of joy and sorrow dominates and opens the door to the demon of sexus. In this way the destructive and death-dealing Beast and the insatiable Vampire have begun to gnaw at humanity.

The reader of this grim chapter will be aware that the death-dealing destructiveness of thanatos is not restricted to men, nor is the insatiable search for the ecstasy of sexus restricted to women. The worlds of man and woman interchange. We shall turn to this phenomenon in later parts of the book (Part I, 6, and Part II, 6).[7]

5. Male-female relationship in the realm of the soul

In our present-day experience the bodily differences between man and woman, and the overabundance of consequences these have for their mutual integration, stand in the foreground. However, there is also another realm, that of life-relationship or social relationship, which needs some attention, for here too a differentiation took place in the wake of the division into male and female described earlier.

In the marriage ritual of the Christian Community this relationship is indicated when the priest says to the man, 'You go before her,' and to the woman, 'You follow him'. These words of direction are not easily acceptable to the woman of today for they appear to leave her in an entirely passive role.

From our previous considerations we can understand that the earthward direction of the man enables him to see clearly the aims to be turned to, the goals to be reached in life. But what does this leave for the woman to do except follow him passively?

Perhaps this dilemma can be expressed in the words of a wise woman who said in answer to this question: 'We share the burden of decisions. He decides on the big things and I decide on the small things.' This is a way of saying that the man does indeed indicate the direction while the woman's insight can lead to the small steps which are necessary in order to achieve the big aim. We sometimes speak of there being 'a woman behind every successful man'. This expression is usually seen as being unkind to women through meaning that the woman helps the man by the driving force of her ambition or by means of applying her feminine charms in decisive situations, thus levelling the way for him to move towards his goal.

It may be better to say that whilst the man knows the way the woman opens the doors. But this must be understood in its true sense. The woman, through her intimate connection with the cosmic, the divine-spiritual world, and through her listening to its wisdom, is better equipped to sense how an aim should become earthly reality. She instinctively knows the small steps leading to it, just as she knows the small steps which the baby has to take in order to become a schoolchild. She knows how to build an earthly home for spiritual realities that live in a human being.

This specifically female gift is going through a new development in our time. Like all other human abilities it is becoming ever more conscious. Schiller wrote: 'Honour the women, for they bring and weave heavenly joy into earthly life.' For in his day woman was considered to be an embellisher of life. Goethe spoke of the 'eternal feminine' which draws us upward, thus adding a spiritual aspect to Schiller's aesthetic perspective. In our time humanity will have to learn to go much further. The former assistant in life is practically, aesthetically and spiritually on the way to becoming a pioneer. Her ability to see the spiritual in the details of earth existence is becoming more conscious and active. A real equality of man and woman, not by outer arrangements, laws or political battles but by inner development, is appearing on the horizon for humanity in so far as it wishes to regain its connection with the spiritual world.

However, in order to make possible such a development it will be necessary to prepare for it by a schooling in the art of mutually active togetherness of which marriage is the archetype.

6. New aspects of human development: determined woman—perceptive man

In surveying the social situation of the woman in the twentieth century we can become aware of an immense change not only socially and politically but in the very nature of woman. It is a path that has led from the early suffragettes to the later feminist movement, from the first female university students to the later doctors, professors, clergywomen, ministers and heads of state, from a first embattled entry into professions that need a great amount of physical strength to the later female lorry drivers, athletes or fighter pilots. At the same time all these professions have been enriched by the female element that has flowed into them.

A similar though not so pronounced development can be discerned with regard to men. The male nurse, the male kindergarten teacher, the man who looks after the children and does the housework while the woman goes to work—and enjoys this exchange of roles—the man who enjoys knitting and so on, all these are entirely new phenomena on our social scene.

The roots of these new faculties in both man and woman lie in the far past. When Rudolf Steiner described the transition from androgynous human being to male and female he stated that this division was not an absolute one, for a balancing and healing element was inserted into this process of division in the realm of the forces of life, the etheric forces, which imbue both the male and the female physical body.[8] Since that time the etheric forces of the human being have complemented the male physical body by their female qualities and the female physical body by their male qualities.

This is rather an astonishing statement, but as our awareness increases we may start to notice the cracks in our otherwise dominant physicality where these balancing etheric or life forces are beginning to show. Think of a man, thoroughly directed towards the earth, who during the course of a morning's work spots so many things which need doing that none of his colleagues can find him anywhere. Here we have a male whose feminine perceptiveness and the openness of his etheric forces are getting the better of him. On the other hand imagine a woman on an expedition or in a research situation who manifests stronger powers of endurance and tenacity than the men in the party, and you have a glimpse of the male qualities in the woman's etheric forces. Think of someone like Marie Curie! As extremes and caricatures of these tendencies we have the example of the pub-crawling man and the woman who nags, going on and on and on in her insistence.

The essential aspect of these complementary dynamics in the life of man and woman is that they have a healing influence on that age-old division into male and female which might otherwise develop into an abyss.

However, there is also more to this complementary function than a healing quality. Rudolf Steiner pointed out that in primal man the fertilization process came about through the intervention of the divine-spiritual world at times chosen by it. After the division into two sexes this process was handed over to human beings, though divine or later on human guidance was still active until the twentieth century, as described above. But although men and women could now carry out the physical process of fertilization themselves, the divine world still took care of the male and female life processes involved in fertilization. That aspect of fertilization remained divine.

Looking back into history we can see how men's inspiration and the ideals and aims they felt urged to realize in their lives were indeed of a superhuman nature, as was women's endurance in embracing, carrying and fostering the innumerable small steps of life given into their care. In the twentieth century these intuitive and instinctive processes have entered ever more into the realm of consciousness. Thereby the possibilities of human error, of temptation and misjudgement, or self-centred delusion and self-willed destruction, have come to the fore, so that human beings are having to go increasingly, and more and more painfully, along paths of trials in order to master the new gift and challenge of consciousness. Marriage is perhaps the most intense and potentially the most fruitful path of schooling in the art of togetherness.

Focusing our inner gaze on that second aspect of the etheric complementation which enhances, balances and heals the earthly complementation of male by female and vice versa, we can become aware of a further aspect of the physical union of man and woman. Seen from the physical side it appears that the man is on the whole the active party in the process while the woman plays a mainly passive role. While this may be a true observation from the physical angle, etherically another aspect comes to the fore. The woman not only opens herself receptively to what the man presents but in doing so she takes the inner being of the man with her into cosmic heights and breadths. In this way the all too earthly nature of the male is reminded of its heavenly origins. As Goethe put it at the end of *Faust*, 'the eternal feminine draws us on and up into the heights'. We should underline the fact that this happens not only in the physical union of a man and a woman but also in a 'homeopathic' way in all real encounters of man and woman.

However, in the physical union it is present in a form which affects the man's sensory realm most powerfully, and thereby his soul. This is also the reason why as a rule the urge for physical union tends to be greater in the man than in the woman. Sooner or later in a relationship (whether within or outside of marriage) the woman will begin to tire of what used to be called her 'marital duty'. She begins to notice the earthly weight of her man whom she is helping to lift towards his cosmic origins. The process begins to take a toll on her etheric forces, and she will ask for or impose temperance, a demand which is usually rather difficult for the male partner.

This is a fundamental problem in marriage which begins to show at the latest by the time the marriage is 10 years old. The need of the man is as real as the exhaustion of the woman, and there is no easy answer to the dilemma that arises. Only in the realm of true marital love can answers be found as to when and by whom sacrifices will have to be made. The more consciously this situation can be worked through by the partners the more will the bond between them be strengthened, but this is no easy task for a young or youngish couple.

Looking at this etheric counterpart to the union of man and woman in which the woman carries the main part of the burden, we may ask whether there is also an etheric counterpart to the earthward thrust of the man. There is no doubt that such a counterpart exists. It is true that—powerfully in the physical union and homeopathically in all encounters between man and woman—the man draws the woman into that realm of factual clarity and day-time consciousness which life on earth brings with it. This process has been a cultural feature of human evolution since biblical times, so that an earth-oriented patriarchal society became firmly established. But such a set-up has by now more than overstepped its optimum, so that it is now the female cosmic trend which carries the main burden of balancing the position of the human being as a citizen of both worlds, the cosmic as well as the earthly.

Part II

The Ages of Marriage

1. The time-rhythm of marriage

In the first part of this book we saw that the relationship and attraction between man and woman, as well as the inherent contrast which separates them, were necessities of evolution. However, a healing antidote was laid by the creator forces of the divine-spiritual world into this dilemma of attraction and rejection through the fact that the etheric body of the man has a female quality and that of the woman a male quality. These balancing aspects of the physical and etheric in the separated sexes can thus become the point of departure for the development of a future human being who, through human endeavour alone, will have regained a full male-female stature.

Any human relationship, but especially the very close and intentionally lasting one of the marital bond, can become the ground on which the hidden etheric qualities of man and woman can be developed into ever more conscious forces which can thereby fulfil their healing and balancing task. The essential factor in a marriage is thus what can be called a 'community of life', an expression which is heard seven times during the marriage ritual of the Christian Community. Man and woman have to learn the art of weaving together ever more consciously their contrasting etheric forces so as to heal the consequences of the physical contrast laid between male and female by the creator forces of our earth existence.

This is hard work, for it is not a matter of ideas or feelings if one is an early or a late riser, if one has a specific preference for the colours of one's clothes or of the rooms one lives in, for holidays at the seaside or in the mountains—to name only a very few thorny subjects. All these are a matter of constitution or of habits that have become an integral part of one's nature, so any clash in these realms, any pressure to change, will initially be experienced as a personal attack. Such things are deeply rooted within our etheric or life forces, in our very constitution which has been built up by these forces, so that any change in this realm takes a long time to achieve.

Those who have closely observed *individual* human development will have noticed that such processes take place in seven-year rhythms. A great educator such as Grundtvig was aware of this, so he knew that children are ready for school when they are seven and should complete their basic education at 14.[1] This basic law is also taken into account as far as possible by Steiner education.

The mutual life processes of change and development in human interrelationships are, however, guided by a different rhythm. Here steps of mutual growth and change require only five years to come about. The mutuality accelerates the process—remarkably enough by a 'duality' of years. In speaking about the Grail legend, Rudolf Steiner pointed out that Parsifal returned to his newly-wedded wife Kondwiramur after an absence of over five years. Steiner considered this to be an important fact because after a five-year separation love is extinguished and must be renewed out of a conscious will.[2] As the community of life grows in a five-year rhythm, so will it only be able to bear a parting of five years at the most.

The fact of the five-year rhythm in the development of the living mutuality of human beings also reveals a deep providential wisdom, as will be described in the third chapter. Since marriage does not start at the beginning of life, the faster rhythms of development in community of life will, in a life-long marriage, enable as many developmental steps to be taken in the process of mutuality as are taken in individual growth.

2. The nine stages of individual development

In order to understand the stages of the mutual life process that takes place between the partners in marriage, let us first look at the stages of individual development which arise through a person's integration into earthly life.

The first seven years of life are dominated by the need to integrate one's physical existence into life on earth. Children have to learn what space is by contact with caring hands or by bumping into hard objects that hurt. They will become aware of their room, their house and near surroundings. They will have to conquer the space of their own body by gradually achieving uprightness and relating it to the world by learning to walk, run and jump.

They will also have to build up a relationship with the food that is customary in their country of birth while also gradually absorbing their mother tongue and the special ways and gestures with which this language approaches the world and relates to it. They will learn to use words as a means of expressing their needs and of communicating with their surroundings, family and relatives.

In the second seven-year period their life or etheric forces will have become so well established that they can make the step from playing to learning. Memories of the day's events will become more and more reliable and time will become a reality. Knowledge of their close surroundings will widen to take in their town and their country. Children become a member of their nation and are imbued with its culture.

In the third seven-year period of life the developing youngsters will have advanced to the stage in which they are able to embark on the process of integrating their emotions and sensitivities of soul into the world. Rudolf Steiner termed the carrier of these emotions the 'sentient body',[3] and this sentient body can now turn outwards and enter into a relationship with the world, just as did the physical body in the first seven years and the body of etheric or life forces in the second.

Integration of the sentient inner world with the world at large is usually a very dramatic process. Everything has to be tried out and challenged in emotional upheavals and storms until the youngsters can experience themselves as part and parcel of their world and time.

When the developing human being has reached the age of 21 the time has come when the soul is ready to enter into a close interrelationship with the world. The first step in this process involves the sentient part of the soul, i.e. that part which lives in the senses, entering into an active interrelationship with the world. The years between 21 and 28 are a period when young people wish to travel, to explore other countries, life situations, work situations, in order gradually to find out what their place on earth is to be. 'How shall I place myself into this world?' is the question they ask. 'What is my career?'

Over the next seven years this essentially experiential attitude to life will undergo a deepening. The more thoughtful qualities of the soul now come to the fore. Rudolf Steiner here coined the concept of the 'mind soul', just as he called the previous phase the time of the 'sentient soul'.[4] We not only begin to care about *what* we do but also *how* we do it and *what* consequences our activities will have for ourselves, for our fellow human beings and for the world. Our *outer* career can begin to gain qualities of an *inner* career.

However, this step of development does not come naturally, and neither do any further steps. The human being's volition and inner aims now begin to be tested.

The following seven-year period from 35 to 42 can then lead so far that the striving human being becomes fully aware of what his or her *task* is. What Steiner called the 'consciousness soul' can awaken. The self-centred aspect of an outer and even of an inner career recedes and one wishes to fulfil a need and make a creative contribution.

This direction can be deepened in the subsequent period, which falls approximately in the years 42 to 49. The aspect of an *inner* task now arises. Is the task I am fulfilling really meaningful? Am I serving a worthwhile aim? This is the period when our self is tested as to how far it can become selfless. In this connection Rudolf Steiner spoke of the growth of the 'spirit-self'.[5]

Individual development can advance even beyond this point. A new aspect of one's integration with the world can now make its appearance in the eighth seven-year period. Handling and creating social relationships and structures in one's field of work now becomes the paramount aim. How do I guide the life and the social forces of those with whom I work in such a way that a social organism can arise? This means actively to spiritualize one's life or etheric forces, and Rudolf Steiner spoke in this connection about the development of the 'life-spirit'.[6]

Finally, in the period from 56 to 63, the social organism one works in, the setting one has helped to create, may become so transparent that the meaning of the network of this social organism or social setting may begin to shine through. One will then be in a position not only to understand the script of one's own destiny but also to help all those involved to see the meaningfulness of the social interweaving with all its crises, disasters and achievements, with all its joys and sorrows. Here we begin to touch on the stage of development which Rudolf Steiner called the 'spirit-man'.[7]

The tenth seven-year period can then be one of conclusion, a harvest-time of life. And if a yet further span is granted to us, we can try to enrich our surroundings through our life experience and insight while at the same time preparing new threads for a future life to come.

Needless to say, the time periods indicated here are no more than a guideline. Life with all its vicissitudes will bring its own retardations and its accelerations, which may have either a negative or a positive effect as the case may be. There are many who retain their teenage qualities and limitations throughout life. Others are eternal wanderers, never able to bring to a conclusion their time of journeymanship.

On the other hand there are also those who show outstanding abilities of consciousness or of social genius even at a very young age. These can arise out of the pressing need of the moment or may be the result of a previous deeply tested destiny.

These are the basic features of the *individual* life periods, but the human being is free to tarry, to vary and to hurry as befits his or her personal destiny.

3. The path of human interrelation in marriage

The ten ages of life in the individual human being described above are repeated in the twofold realm of marriage but, as mentioned earlier, the process is accelerated and intensified by its mutuality. We shall now try to follow the steps of this process.

During the first five years of marriage the new state of co-existence has to be physically established. The couple has to go through the joys and pains of physical closeness, learning to share their surroundings, their personal living space and even their body with another human being. One's sensory space also has to be shared with the partner. New experiences of touch, taste and smell, of sight and hearing have to be taken in, accepted and tolerated. Added to this are more subtle experiences such as getting accustomed to experiencing a different life body, a different pattern of movement, different patterns and approaches in the realms of feeling, thinking and will. One has to adapt one's time-space to the time-space of one's partner. All this is a journey of discovery and exploration with all its joys and sorrows, wonders and dangers.

In the second five-year period of a marriage it becomes ever more noticeable that the demands of tolerating and accepting, of getting accustomed and adjusted, do not relate solely to outer physical circumstances. One becomes increasingly aware that the manifold differences which have gradually become apparent between the partners are not just little facts, pleasant or unpleasant, which one has to take in one's stride; they are symptoms and revelations of life processes and life rhythms at work in the individual which are now beginning to clamour not only for acceptance and adjustment but also for synthesis and harmonization. One begins to sense that over and above being a heavenly gift marriage also demands very hard work indeed.

These sensations during the second period of marriage can lead to strong feelings and soul dramas in the third five-year period. One feels the urge to establish one's own individual realm of inclinations, customs and habits within the marriage and to defend this against one's partner. Marriage enters the stage of puberty and will time and again be severely endangered. One rejects the notion that marriage is serious and hard work, and easily reaches the conclusion that one has made a mistake and married the wrong person.

Once these stormy waters of the marriage have been traversed or when one has learned to sail in them without capsizing one can, during the fourth five-year period, enter into a sentient journey of discovery of the vast foreign territories of one's partner. The sentient soul begins to be applied in the process of marriage.

In the fifth five-year period one gradually learns to explore and chart the territories of one's partner. One learns to orientate oneself in the new world which one first entered in a state of sleep and dream. The realm of the mind soul is now being reached in the marriage.

With the beginning of the sixth five-year period this leads to a first realization that clear and conscious sailing and travelling now become necessary. The two new territories have been explored and charted to a lesser or greater degree. Now the question arises: Is this all we wanted? Are we sufficient to each other, or can we now link our boats to form a catamaran in which to explore new horizons? Has our marriage an aim which goes beyond the achievement of our mutuality?

This is the point at which it will become apparent whether the marriage partners have been able or are now becoming able to find a joint aim or some related higher aims in their marriage, for such an aim or aims will be the compass and star by which to guide any further joint journey. The realm of the consciousness soul has been entered.

When the marriage reaches the age of 25 years, around the silver wedding time or thereabouts, there comes a second make or break point in married life. The marriage has to show that it can become precious metal which is willing to be moulded and worked on by world needs and world tasks. The reality of a joint destiny wants to come to the fore.

During the seventh five-year period the endeavours of the couple should become more and more selfless. The realm of the spirit-self can thereby be entered, and the joint path of life, the joint aim which one is striving for can reveal its inner nature. The *outer* joint aim becomes the *inner* one.

In the following five-year period, when the marriage is 35 to 40 years old, the thoroughly worked-through marriage bond can become an example and guide to others who wish to build up a marriage or a social environment. The marriage may begin to reach the realm of the life-spirit and thereby work in its surroundings, radiate into its surroundings simply by being there.

In the ninth five-year period of marriage the realm of

spirit-man may be touched. Thereby the seasoned marriage bond can become an inner force which has the power to heal the social and marital relationships of others.

The tenth five-year period is a time of harvest. All that has been achieved can be gathered and woven into a wreath of life. The marriage can become as malleable and as cleansed of impurities as gold.

If the married partners are allowed to live together for more than 50 years, their relationship in a future life will be of a different kind unless omissions, limitations or failures still need to be ironed out. When you meet people who can work together in an examplary and harmonious way without much planning or discussion, you can wonder whether this may perhaps be the result of a long married relationship in a previous life.

It is also noticeable that female traits in an old husband and male traits in an old wife may become even more prominent, right into their physical appearance. This phenomenon holds good for any ageing man or woman but may be enhanced by the process of marriage. Something of the future begins to peep through on more than one level. Marriage has entered its prophetic age.

4. Variations and challenges

The description of the five-year periods of marriage given above represents an archetype. In real life the periods will undergo variations, accelerations and delays according to the specific circumstances of the marriage.

An ideal case would be a marriage in which the partners got married at some time between the ages of 21 and 28 and in which the husband is a little older than his wife. In this case they would celebrate their golden wedding anniversary in their seventies, with their individual development and their marital development reaching a harmonious conclusion. A teenage marriage or a late marriage brings with it quite a few additional challenges. So does any larger age difference. When the husband is, say, 30 years old and his bride 40, this will necessitate a good deal of additional marriage work for both partners, as will differences in education as well as belonging to different social classes, nations or races. There is no doubt that true love can overcome any barrier and bridge any abyss, but it must be coupled with a willingness to accept trials and pain.

A century or even merely 80 years ago these challenges and problems hardly existed. Marriage was embedded within firm family and religious traditions. One did not marry outside one's class or education or nation, or those who did were usually quite aware of what this would mean. Nowadays anything is possible and therefore one is not so easily aware of the deep clefts that can arise in the close companionship of marriage, for example as the result of ethnic differences.

Consequently ever increasing numbers of marriages break up from year to year while at the same time young people are growing more and more cautious about entering into the firm bond of marriage. There are the single parents who wish to have their children without the burden of a partner with whom one would have to enter into a strenuous social process. There are those who cohabit in order to be able to part at any time when the human interrelationship becomes too difficult to bear and who thus fail to build up the foundations on which the broad and complex building of a true marriage can rest.

There is also another aspect which is contributing more and more to the brittleness of the present-day marriage bond. We saw in the first part of this book that the physical division of the sexes has been balanced in that the divine world endows man with a female etheric body and woman with a male etheric body. However, this is accompanied by the fact that although on the physical plane the man can fertilize the woman, this is not the case on the etheric plane where it is the divine world which brings about the full process of spiritual fertilization, inspiring the creative potential of the human being. But in an age when materialism stands at the forefront of our civilization we have increasingly lost our openness to what wants to meet us from the divine-spiritual world. Consequently the process of divine fertilization is not sufficiently noticed and taken hold of, and the etheric process of fertilization is more and more losing its power to balance and harmonize the physical process of fertilization. Wild sexuality alternates with disgust about sex, and the cleft between man and woman grows ever deeper. The battle of the genders has begun to rage.

Understanding this can help us see both the positive and the negative aspects of the feminist movement: the positive one in which women try to discover their true position and task in the world and attempt to free themselves from subservience and even slavery; and the negative one in which men are no longer regarded as anything other than 'chauvinist brutes'. There is also a corresponding 'masculinist' movement which, though, for very obvious reasons, is playing a much smaller part.

The above dilemma also has even more far-reaching consequences. As we know, homosexuality is reaching ever wider circles. Twenty years ago many thought this to be a phenomenon of sexual perversion which could only happen to morally decadent people. But now, when we find that some of our best friends are homosexual, we cannot but wrestle to understand them instead of judging them.

What is it that makes a man fall in love with a man or a woman with a woman, leading them to form a close and physical relationship even to the extent of wishing to set up a married family?

The point of departure is the inability of a more sensitive person to bear the imbalance between physical attraction and rejection and the etheric reality which should heal and transform it. Often this is not merely a constitutional sensitivity but will be found to have its roots in traumatic experiences of sexual abuse or sexual aggression, be it in childhood or later. Time and again it is this very constitutional sensitivity and vulnerability that attracts such abuse or aggression, not because it seeks it but because of its innocent openness.

The result of the situation described above will be a flight out of a bodily realm which the individual in question experiences as soiled and defiled either in the realm of the body or in that of the soul. There may even be an outright flight into another personality or personalities. The individual may slip entirely into other persons and be those persons. This is a real illness usually caused by sexual misuse or exposure to sexual aggression (Multiple Personality Syndrome).

But it may also be a flight into a different layer of one's own existence. Instead of identifying with his or her physical body, the sensitive person in question might identify with his or her etheric body. Then the female will experience herself as male and the male as female. This experience can become so powerful and real that it leads to homosexual or lesbian behaviour and even to a determination to have one's body changed by operation in such a way as to harmonize with the overwhelming etheric identity.

Needless to say, the latter can mean that much suffering is in store for the individual concerned, not only due to social rejection and spoken or unspoken criticism to which the person might be exposed, but especially through the clear or at least vague experience of living in a no man's land.

Excessive identification with one's etheric body may lead even further, namely to a complete lack of awareness of the inner reality of one's physical body. The experience of one's *Gestalt* is lost and the physical boundaries become so vague that they lose their ability to form a real threshold between outside and inside. In practical terms this denotes the breakdown of a person's immune system.

The positive side of this increasingly widespread trial of

human beings lies in the way it indicates that for the open and sensitive person the supersensible realm nearest to the physical is accessible, if only in a semiconscious way. Rudolf Steiner stressed time and again that humanity is now crossing the threshold to the spiritual world, or indeed has already crossed it. The confusion and trials arising out of the fact that this step is initially a natural development—and thereby an unconscious or semiconscious one which is yet to be taken in hand consciously by means of spiritual training—shows very painfully in the confusion of physical and etheric identity described here. We are witnessing how painful it is for a new stage of human development to be born.

5. Marriage and the loss of the angelic world

The above considerations have shown how the loss of that balance between the physical fertilization and the spiritual fertilization which inspires the creative potential of human beings has affected the relationship between man and woman.

Yet this loss is only a part of the more general picture which shows how human beings have also lost their earlier experience of being embedded within the wide realm of the divine hierarchies. Human encounter, love and procreation were once dreamlike processes guided by the wisdom of those hierarchies. But for humanity to develop, this guidance had to be lost. The childlike human being had to become an adult and acquire a morality that is not provided by direct divine guidance nor by a moral code carried by tradition. A new sense has to be developed, a sense for what is good—good in relation to the development of the earth, of humanity and of the cosmos—and which is as perceptive as is our present sense of sight for the world of earthly appearances. It therefore came to pass that direct spiritual inspiration was replaced by the memory of it. It became tradition, and in the fifteenth and sixteenth centuries that tradition turned into an increasingly threadbare garment which by the seventeenth, eighteenth and nineteenth centuries was falling to shreds. By the twentieth century the all too earthly nakedness and cosmic shame of humanity began to cry out to the heavens, for the spiritual bankruptcy of mankind had reached its peak.

Yet within this gloomy panorama new, hidden growing-points have begun to show. For example there is an expanding body of literature about people's meetings with angels, angels who lead and guard human destiny. And Christ himself has been experienced by many in his angelic presence. In lectures given on 18 and 29 May 1924 Rudolf Steiner described how the nine heavenly hierarchies, ranging from angels and archangels right up to Cherubim and Seraphim, work on the first seven of the seven-year periods of individual destiny.[8] (It would exceed the framework of this book to look at these descriptions in more detail here.)

There are moments when some light from the angelic realm shines through, even in the darkness of our time. There will be occasions when the physical encounter in marriage is illumined by a primal light of childlike chastity. Time and again there will be meetings in the realm of soul in which either or both the chaste light of the past and the creative radiance of the future will shine out. There are occasions when a mother or father can glimpse the being of a child as it is led towards incarnation by its angel. A child who is seeking incarnation, a child who is being or has been conceived can be experienced, and with it something of the angelic world guiding it towards the earth.

This is a gift which was once known to humanity (Luke 1, 8–23) and which is now being reborn. There are more and more parents who are attentive enough to perceive and remember these delicate moments of revelation. Moreover, where such attentiveness and perception can be fostered, openings arise which can bring healing to the deeply endangered world of marriage. But on the other hand many a child is drawn by human will into a place or time which is not in harmony with his or her intended tasks on earth. And many a child will be prevented from entering earth existence at the right time or place by human interference.

Taking into account the phenomena described here and in the previous chapter we might well ask whether marriage is doomed. We can be reminded of a prayer which Rudolf Steiner called the 'primal prayer of humanity' because in its wording it reveals the time when human beings began to turn away from their embeddedness in divine providence and therefore had to turn towards it in longing entreaty instead.[9] In this way the world of prayer came into being. The prayer may be rendered in English as follows:

Aum, Amen
Evil holds sway
Witness of egohood's severance.
Debt of selfhood incurred through indebtedness to others
Experienced in the daily bread
Wherein the will of the heavens does not rule
In that man severed himself from your kingdom
And forgot your names,
Ye Fathers in the heavens.

Steiner not only brought this to the notice of his listeners but also showed them that Jesus of Nazareth, who was aware of this ancient and very painful prayer, transformed it into the Lord's Prayer as we know it today.[10] He reversed the prayer so that it began with the words 'Our Father, who art in the heavens' because Christ helped mankind to remember the forgotten name of divinity and thus seek renewed union with the heavenly kingdom from which humanity had severed itself. The indebtedness of human beings to one another can thereby be addressed, and hope arises that the evil can be held at bay.

Can this also happen to the relationship between man and woman in our time? Can we discern the power of resurrection reaching into this realm? Does the fact that the picture of the Resurrected Christ is part of the wedding ritual in the Christian Community point in this direction? What we call 'faith' today is the trust of the blind which may or may not have elements of a higher sight in it. Will this higher sight have to increase more and more through the power of the pain we have to endure at present in order that we may gradually learn what true love is and thus also learn to form our relationships in such a way that they become truth not only in the sight of man but also in the sight of God? These are questions with which we shall be concerned in the third part of this book.

Part III

The Future of Marriage

1. A state of crisis and its far past

In Part II we depicted some aspects of the severe state of crisis in which marriage finds itself today. Many will be tempted to ask whether it has any future at all, fearing that the crisis could prove fatal.

In order to gain a deeper understanding of this present state of crisis it will be helpful to be aware of another in the very far past which accompanied the event of the division of the primal human being into male and female.

The reader will by now have realized that the physical division into male and female was only made bearable through being balanced by the complementary nature of the female and male etheric or life bodies and by the openness of those life bodies to the divine-spiritual world. The achievement of this balance was a delicate and precarious process which led to what later came to be called the Fall of Man and its subsequent reverberations which are described in various mythological accounts of world evolution. We shall try to follow these developments on the basis of the Old Testament since its images are likely to be the most familiar.

Genesis describes how Adam, the primal androgynous human being, is permitted to eat of all the fruit in paradise with the exception of the two trees in the middle, the tree of knowledge (Gen.2,17) and the tree of life. Eve, however, is tempted to induce Adam to eat an apple from the tree of knowledge. Thereby the paradisaical oneness of Adam and Eve, which continues as long as they are in paradise, is broken. Their separation becomes harsh reality, and the gates of paradise close behind them. Eve will have to encounter the earthly pain of giving birth which is to replace the gentle and dreamlike process of change that has hitherto ruled the procreation of human beings. At the same time she will have to long for Adam who will bring her the joy which will expand her once more for a short moment into a cosmic being before subsequently leading to the excruciating pain of giving birth. Adam will have to meet the dark aspect of the thrust to the earth. Instead of bringing to bear the gentle effort of transformation he will have to work an ever-hardening earth in the sweat of his brow. He will have to learn that earthly effort can be both creative and destructive, and thereby meet with illness, disintegration and death.

The consequences of this new, earth-bound state of Eve and Adam show in chapters 4, 5 and 6 of Genesis. Eve conceives a child through Adam, but her being is still so much linked with her primal home, the cosmic expanses, that she exclaims, 'I have gained a human being through the Lord.' The Hebrew word '*Cain*' as well as the verb 'gain', which comes from the same root as Cain, reads in Hebrew '*canétee*'. Both hide deep secrets. 'Cain' is the Hebrew word for spear, spine, and the male member. Eve exclaims therefore that the earthly thrust inflicted on her casts her back into heavenly expanses with which she is most deeply linked.

Cain is born out of an ecstasy that tears the human being to heaven and to earth at the same time. He becomes the first tiller of the earth and the first killer. His son becomes the first builder of cities: the earth can now begin to be formed through and through by heavenly inspiration.

Among Cain's further offspring are: Javal, the father of cattle breeders; Jubal, the father of all musicians; and Tubalcain, the father of all artisans.

Abel, Cain's younger brother, is very different. He is not gained from the Lord. His name means 'breath' or 'mist'. His mother Eve has by now realized that the expanses of the heavens are lost to her. What remain as memories are heavenly mists and human breath. Abel's thrust to the earth is not as determined as Cain's. As the first keeper of sheep he wanders and lives with them. He lives with the earth rather than by the earth.

Only with Seth, the third son of Adam, is an initial balance between an all too heavenly and an all too earthly tendency attained. His name means 'foundation'. His son is called Enos. This means 'the one who is vulnerably human'. From the line of Enos comes Enoch which means 'the educated one'—or rather, more in keeping with that time—'the initiated one'. He is the first human initiate. One of his descendants is Noah who becomes one of humanity's greatest spiritual leaders, being the leader at the time of the Great Flood.

Among the causes of the Great Flood we find the same problem as that which surrounded the birth of Cain: the longing of woman for her lost cosmic existence. Genesis (6,2) describes the daughters of men being taken as wives by the sons of God. Their longing for the cosmos gained the upper hand, and the children who were born from these associations were the Nephilim, a race of giants. (Gen.6,4) They brought something of their cosmic origin to earth by their sheer size, but their spirit and soul were not fit for the earth, being clumsy, disorientated or outright stupid. Many fairy tales describe this problem in the image of the outwitted giant. Nephilim means 'the fallen ones'.[1]

As this generation of giants continued to grow it became a danger for the development of humanity. It was a consequence of the cosmic and female element which had to be overcome in order to enable humanity to become fully anchored on earth. Thus the Great Flood became a necessity, and the female element thereafter came to be considered in tradition as the one suspected of temptation and misguidance. Memories of pre-biblical cultures in which the mother goddess was venerated and wise women were spiritual guides faded away because a time had come when the earth-directed male element had to take on the leadership of humanity.

This tendency has continued right up to the twentieth century, but in recent times it has increasingly come to be questioned. Why should this be?

2. A society dominated by the male element

Humanity had to leave the bosom of the divine world within which it had once been entirely embedded. Human beings had to become citizens of the earth. Thus the male element took on the leading role and humanity entered ever more deeply into the realm of matter. By the end of the nineteenth century this process had reached its completion. However, the earth-directed tendency continued to work and humanity began to encounter sub-earthly forces and their boundless power of destruction. Sex without love, aggression and murder without motivation, the destruction of human life and of the earth for financial gain, the unleashing of poison gas and nuclear energy to destroy humanity, the use of the undetectable forces of sound and light to debilitate human beings—all this indicates that mankind has learnt to let hell loose. But eventually hell will have to be confined once more.

Linked with all this is a basic development in our male-dominated civilization which can be seen as an equivalent of those events in Genesis which led to the appearance of giant human beings on the earth. The giants begotten today are, however, not oversized humans. They are oversized machines, be they ships, earth movers or aeroplanes, to name but a few. Parallel with this, companies began to grow and turn into giant corporations and multi-national concerns. To facilitate all this the telephone net, the computer net, the internet began to enmesh the earth. During the age of the Nephilim, i.e. at the time before major floods reshaped the earth during the later ice age, the hitherto ruling female element had to lose its decisive influence although it tried to cling on to it by the illegitimate use of spiritual forces as expressed in the words, '... the sons of God came in unto the daughters of men'.(Gen.6,4)

Today it is the daughters of God who overcome the sons of men. This means that the imaginative element in humanity—which the Greeks depicted as the female goddesses whom they called the muses—runs out of control and creates structures and realities which bring destruction both to mankind and to the earth.

The present younger generation has become increasingly aware of the dangers which arise when human beings' imaginations lose their rooting in earthly reality. Millions of people have begun to sense that bigger does not always mean better, that growth is not the panacea for all economic ills and that Schumacher's saying that 'small is beautiful' indicated something which is crucial for our time. We will have to learn to operate in settings and with implements that can be contained by the conscious human mind, or else we shall for ever be the servants, slaves and victims of subhuman and inhuman forces. A culture will have to develop which pays attention to detail and cares for the small things, just as a motherly mind would do. In other words: the truly female element that embraces, cares and forms must increase once more.

It has indeed begun to do so, both in women and in men. Within a civilization which seems bent on destroying itself, and proclaims the gory successes of this trend in all the money-making papers and television networks, we find that there are many small corners and pockets in which caring is coming to the fore and beginning to unfold.

3. The gift of empathy

In a civilization the wheels of which are tending to crush any lasting human relationships, new buds of hope have begun to come forth. At the beginning of the twentieth century a growing number of people started to realize they possessed a faculty which enabled them not only to imagine by introspection what their fellow men and women were feeling and experiencing but actually to enter directly into the other person's feelings and experiences. They had made the step from sympathy to empathy. Instead of imaginatively identifying with the other person and thus entering into his feelings together with him in sympathy ('syn' or 'sym' = together), it became possible to achieve the actual identification of entering right into the other person by dint of a selfless urge to understand, co-experience and help. This led to an experience of indwelling which, however, could only take place in sleep consciousness, for it meant entering the holiest of holies of a fellow human being.

It was at this point that the trial of selflessness took place. Only in so far as the urge to enter into the other person was selfless could the experience of empathy ('em' = in; 'pathy' = feeling), the experience of indwelling, be carried out of the 'empathee' and, in entering into the 'empathor', become conscious in him or her.[2] It was possible for an after-image of the indwelling to arise which was virtual reality in its true sense and not in the sham sense in which this expression has come to be used in the latter part of the twentieth century.

We can be truly amazed at this phenomenon which began

to open up for a few individuals at the beginning of the century. At a meeting of the British Academy in London in 1912 this made it possible for a German philosopher and psychologist, Theodor Lipps (1851–1914), to coin the word 'empathy'. Only as the century progressed and the circle of those who had the new empathic gift increased did the word advance from being considered a poetic expression to a concept. By the 1960s, 70s and 80s it denoted the concept of that real momentary experience of indwelling, parts of which could be brought back into the consciousness of the empathor.

How is it possible for the innermost soul realm, the full depths of the soul of another individual, to become accessible to an outsider? To the author's knowledge there is only one possible explanation for this phenomenon. In January 1909 Rudolf Steiner began to speak about what he called 'the reappearance of the Christ in the etheric realm'.[3] What do these unusual words mean? The etheric realm is that realm of the divine-spiritual world which is nearest to our physical world. Seen outwardly it is the realm of life forces and their processes and rhythms which are at work throughout the physical world. Organic processes and rhythms—as well as disturbances in those rhythms—indicate the world of the etheric forces. This world was well known to the early Celts and the Druids who were still able to depict in weaving patterns carved into wood or stone the organic rhythms which they *saw* through their ancient clairvoyance. It is a real world to which, however, human beings eventually became blind.

Now, however, for those who strive selflessly to reach out to their fellow men and women, it is possible to regain that world. The key word in this process is selflessness. Human beings are now asked to take a new step. To the experience of 'Not I but Christ in me' (which was opened up to humanity by the deed of Christ at Golgotha) the time has come to add the experience of 'Not I but Christ in you' (in which the relationship with Christ is again decisive). Through the fact that the Christ united with the being of Jesus of Nazareth and walked on earth, the spiritual dimension of the earth and earthly life began to open up to humanity. In the twentieth century another deed of Christ took place whereby the spiritual reality of the living processes that weave and interweave in nature, and also in and between human beings, has now become accessible to mankind as a whole.

The deed of Christ on Golgotha made it possible for human beings to unite ever more with the being of the earth, to know it and to cherish it. Gradually they became able to enter into the minutest details of earth existence so that they could transform it in the light of a Christian attitude to the earth, making it possible for the full potential of health and beauty, wealth and strength of the earth to become apparent. This development can still be traced in the landscapes of Europe, especially Central Europe. There, the houses of a village clustered around the church. The houses were in turn surrounded by gardens and orchards. Beyond the orchards came the fields and finally the forest. And this forest adjoined the forest of the next village. Within that forest were the fields, then the orchards and gardens which surrounded the houses, and finally the houses clustering around another village church. Thus did humanity imbue and humanize the earth to the full.

Later, however, the villages began to grow together at central points to form towns. Then the crafts and trades, and indeed trade itself, which had thus far served the villages and the earth which these villages transformed and humanized, began to develop a life of their own, which became ever more independent of Mother Earth. Craftsmen's workshops grew into factories, trades grew into industries, and bartering and trading turned into commerce. The consequence of this growth was that everything in these new realms eventually had to be rationalized.

First it was the craftsman's handiwork that had to be adjusted to the conveyor belt and to industrial practices, to the mechanical laws of modern transport, warehousing and supermarkets. Imperceptibly human beings became the servants of the machinery that was serving them. Later on, human feelings and the human mind itself had to adjust to the new world of mechanical communication. This began with the hand-operated telephone and led eventually to the world of automatic exchanges, faxes, computer networks, intercoms and the internet. The human being and the human touch became more and more superfluous in a mechanical and electronic world.

The mechanized world produced a superabundance of goods which needed customers, and this in turn called for an adjustment of human feelings. Advertising had to be used to turn feelings and desires towards the overproduced goods, to bring about attitudes of waste and neglect and the ideal of 'shop till you drop'. As technologies replaced large parts of unskilled and later also of skilled labour, millions of people became unemployed or partially employed. This called for an entertainment industry to fill the empty hours and provide an illusion of activity.

This development led some people to conclude that parts of the world's population were obsolete, thus necessitating increased efforts to control the birth rate and to devise means of increasing the death rate, be it by war, by unalleviated famine or illness, or by subtler means of extinction such as the forces of light and sound mentioned above. It is surely obvious by now that the spirits who have been called up by the industrial revolution have brought with them a sub-earthly and a sub-human world which has no interest in and no place for true humanity.

Out of this second Golgotha has arisen a second Resurrection. Ways have begun to open up to enable striving human beings to feel the suffering of nature and mankind, to experience them in such intensity that the impulse to help has begun to overcome all obstacles. This is the background to the many movements which have made it their task to focus on the earth and on nature, to enjoy and foster their health and beauty and to find union in this aim. Think of Friends of Nature and Friends of the Earth, think of the former German *Wandervogel* movement, and the innumerable later groups right up to the Greens of today. Yet the most powerful consequence of this Second Golgotha or Easter is the opening of the totally new possibility and faculty of human encounter—encounter through empathy.

4. The impact of the gift of empathy

The question to ask here concerns the way this new faculty enters into and changes hitherto existing forms of human interrelationship.

It shows most clearly in any one-to-one relationship, especially in the realm of marriage. One-to-one relationships, whether at work, in connection with neighbours and friends, or at home in the closer family circle, have hitherto been coloured, if not dominated, by sympathy or antipathy. Higher aims and ideals, perhaps religious or spiritual endeavours, have been capable, for shorter or longer periods, of superceding the basic forces of sympathy and antipathy which were given to humanity in that earlier time when the dreaming oneness of the human being had to be divided, whereby the powers of attraction and rejection had to awaken human beings to a conscious perception of earthly existence.

That primal division of humanity can now be overcome. It can be overcome in a manner that does not do away with the element of twofoldness which is the basis of any conscious experience, as witness the fact that we have, for example, two eyes, two ears, two hands and two feet. The primal division into male and female is transformed by the gift of empathy, for in this realm every human being, whether man or woman, has the possibility of going out and entering into a fellow human being (clearly a male gesture) as well as of widening him or herself to receive for a moment the entering in of the other (clearly a female gesture). In the realm of encounter through empathy we can begin to 'interbreathe' with a fellow man or woman, becoming alternatively male or female in the process. In any human encounter we continuously breathe one another in and out. It is a process, however, which happens in a consciousness akin to sleeping or dreaming, for no one in our time would be able to tolerate this continuous element of the loss of identity on the one hand and the intrusion by another identity on the other.

Rudolf Steiner described this process in 1918, calling it the Fundamental Social Phenomenon, although still using the terms 'sympathy' and 'antipathy' as befitted the usage of that time.[4] What is new in this process of empathy, in that it enters into a realm of selflessness and thereby becomes Christ-endowed, is that we are allowed to become consciously aware, in an after-image which we can read, of the inner experience of a fellow human being. The onesidedness of our being on both the physical and the etheric level, which has so far only been balanced within each individual, can now be balanced in mutuality. This experience is depicted in the following drawing:

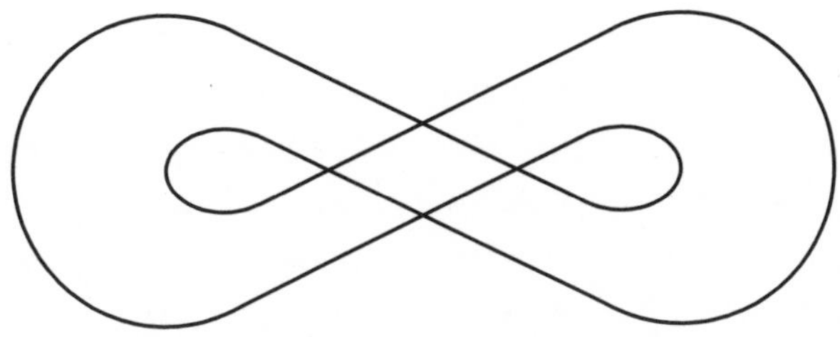

On an unconscious or semiconscious soul level human beings can now become aware of there no longer being a strict separation into a male and a female world, since we can make alternate use of the male and the female gesture in our interaction with others. But this is not the only change which the twentieth century has brought. Through our growing awareness in this realm the processes themselves have begun to change. The empathor goes out into the empathee but also widens at the same time, and it is precisely through this receptive widening that he or she not only meets but also perceives something of the inner being of the empathee. The empathee receives the being of the other but the receptive process leads to an inner drawing together and concentration whereby the empathee becomes aware of the inner side of his or her own being. The active gesture leads not to a self-realization but to a realization and knowledge of the other. The reception of the other leads not to a recognition of the other but to a recognition of one's own true being.

Through this development the strict demand of the ancient mysteries, 'Man Know Thyself', is leaving the closed and protected realm of the temple and beginning to be accessible to every human being in so far as she or he is able to open up to the Christ working in the etheric realm. We become aware that self-recognition will only be given to us in so far as we are ready and willing to recognize our fellow human beings. The realm of *inter-recognition* is beginning to open up to us.

Inter-recognition, however, is not enough on its own. We have to learn that it is up to us to accept the being of the other however foreign, strange or repulsive it may at first appear. Only by undergoing this painful process can we recognize time and again that finding something repulsive in another is caused by the fact that this repulsiveness reminds us of features in our own makeup which we hate, resist and conceal. So by accepting the other we free the way to self-acceptance. The realm of *inter-acceptance* then begins to open up to us.

Taking these new steps makes us aware of how dependent we are on one another. In our time no human being can remain an island. This is revealed in the most impressive way in the life stories of many of our contemporaries. Donna Williams, for example, was born autistic and later became able to reach out, to communicate and describe what it means to be imprisoned in oneself.[5] The reality of the *inter-dependence* of human beings begins to open up to us.

In this way a new world is beginning to be born, a world of interaction and interchange. A new human community is arising in which the element of interaction does not swamp the individuality and the uniqueness of the individual but enhances it, thereby highlighting how human beings relate to one another and complement one another. Close intimacy, which used to be restricted to blood relationships and to the relationship in marriage, expands to include the whole of humanity.

5. Pitfalls

After nearly a century of development, the new gift of empathy still stands in the world like a young and insecure child. When do I experience empathy, when do I experience sympathy, and when do I find myself in a twilight zone between sympathy and empathy? We have witnessed time and again how an empathic relationship unexpectedly turns into a passionate love. The occasions when a patient marries his nurse or a woman marries a man who helped her in a difficult or dangerous situation are innumerable. We have to learn that concern, pity, readiness to help and even self-sacrifice are not necessarily empathy, though they may contain some elements of it. We may know of attempts by a married couple to allow a third party into their relationship. These attempts may be honest and well-meant and contain an element of empathy at least on the part of one of the couple, yet such attempts will always have to be abandoned sooner or later because they overtax the bond of marriage.

Matters can get still more confusing when people turn in concern and readiness to help towards someone who is overpowered by subhuman or inhuman elements in his or her makeup. Here the danger arises that the person trying to be empathic extends so much concern towards the perpetrator of a crime that he may lose sight of the victim's need for help. The moral context becomes blurred or lost because empathy has been allowed to depart from the realm of truth which is its home. There is a tale which highlights such misguided caring:

Two social workers are walking down the street one evening when they see an injured man lying by the roadside. As they pass him by, one says to the other: 'We shall have to find the person who did that so that we can help him!'

So what is it in empathy that can give it the strength to remain within the world of truth and not turn into an expression of soul which becomes entirely onesided and misguided? We must remind ourselves that empathy is a fourfold process which culminates in the unconscious or semiconscious indwelling of the empathor in the empathee. The loving extension of the empathor is followed by the momentary indwelling in the empathee. Then, however, the experience of indwelling has to give rise to an after-image of it, and this after-image has to be read and understood by the conscious mind of the empathor. Only when the demands of this fourfold path are fulfilled will the empathor be protected from the danger of veering off into an unbalanced sentimentality or the like.

This fourfold path may be seen by the musician in us as a symphony which can only reach its fulfilment in the strict execution of its four steps. Yet behind this fourfold symphony we may start to glimpse the reality of the path of initiation followed in the ancient mysteries which later became visible to all humanity in the four steps of the archetypal Christian religious service. Just as in the first part of a Christian service the Gospel is proclaimed and some part of the biography of Christ is taken in, so the empathor can turn in the first part of the empathic process to some part of the biography of the empathee. In the second part of the empathic process the empathor will have to *offer up* everything in his relationship with the empathee which might be personal and biased in a positive or negative way. Any prejudice must be relinquished in order that the recognition and acceptance of the other may be fulfilled and the indwelling take place in the light of Christ.

As a result of these first two steps it will be possible, when the after-image of the indwelling experience arises in the third part of the process, that it will become substance *transubstantiated* by the Christ who has entered into the life processes of humanity and of the earth. This will give the empathor an initial indication as to how the empathee should be supported in order that his or her true potential may be freed from the bonds of an earthly or subearthly imprisonment.

Finally, in so far as the empathor manages, out of this experience of the Christ at work in the empathic process, to read his after-image and out of this to interact with the empathee, a true *communion* will take place and the encounter will be a social sacrament to which sentimentality, delusion and error of judgement have no access.

In this way the sympathetic/antipathetic soul process of human encounter can eventually become a spiritual act which transforms biographies in such a way that the interdependence of human beings and the harmonious wholeness of all earthly life can move towards fulfilment.

6. Perceiving destiny

A further consequence of people's growing empathic ability is that they can gain an entirely new relation to destiny, either their own or that of someone else. In times when the 'interbreathing' process of human beings was still entirely hidden from conscious perception, destiny appeared as something static, something laid down by divine providence or—as would have been said in the eastern world—by the consequences of one's deeds in a previous life. This laid-down path of destiny could at best be modified, ameliorated or impaired by people's efforts or failures. Since the reality of continuous human interaction was still veiled from consciousness it was only possible for its impact to show where a super-human consciousness, i.e. a hierarchical consciousness, did permit human beings to wake up to this living process for moments or brief spans of time. At such moments it was possible to change the course of one's own destiny as well as that of others.

Since the beginning of the twentieth century, however, human 'interbreathing' has become increasingly conscious decade by decade. People are beginning to realize that far from being ruled by a strictly laid-down fate they can experience destiny as a living web of interchange and interdependence and that they can learn to alter a whole constellation of destiny by a single small step taken at the right time. Hitherto our experience of destiny was dominated by the past. Now the present moment can become ever more essential to us as a living 'here and now' that can transform a burdened past and open up the way to a promising future. At every moment in life we can be allowed to sense little turnings which open up new vistas and new possibilities.

Our awareness of the holiness of the here and now leads us to a sensitivity for the future. We can hear it speaking to us and it helps us take the right step at the right time and be on the spot where we are needed. Human destiny is like a large woven tapestry which has a definite pattern that can be very beautiful. Every human being weaves such a tapestry in individual colours and individual patterns. If we turn it over we see how many threads had to be crossed or knotted in order to fashion it, and how much we still have to learn so that it shall not be full of torn threads still waiting to be tied or protruding tail-ends asking to be trimmed.

Christ's life on earth two thousand years ago was like the weaving of a perfect tapestry of destiny. A master-weaver walked the earth who could fashion a tapestry that needed neither knottings nor trimmings. We can be aware of this tapestry of life when we read the Gospels. This may help us to sense or perceive the Christ who now stands in the ever-moving realm of the life processes and who is willing to teach us to weave our tapestry of destiny in such a way that there is less and less need for knots or trimmings.

Rudolf Steiner once said to a group of spiritually striving young people that human beings should learn to see their destiny as a mantle of warmth. We may realize that our destiny is indeed a mantle of warmth even though the many knots and protruding threads on the inside may at times make it difficult to wear.

*

From our earlier considerations it will be understood that

the increased sensitivity for destiny and the increased perception of it is a result of the faculty of empathy in human beings. Gradually we learn to notice the threads of past events now leading into our present life, and at the same time we become aware of the demands of the future. These new sensitivities arising out of the growing element of consciousness in the 'interbreathing' process between human beings have even led to the development of a nerve centre that serves this awareness.

During the first two decades of the twentieth century Rudolf Steiner spoke repeatedly about a new organ for the perception of destiny. He specified that he was referring to a centre in the brain in the region of the forehead, adding that this organ was not yet perceptible to science because it was still in an early stage of development.[6]

In the latter decades of the century neurological scientists increased their knowledge about the function of the frontal brain which had for a long time been *terra incognita.* They discovered that the nerve centre controlling those abilities which enable people to act in a social way is located in that region.[7] It is the region of the brain which facilitates the understanding of the coded messages we convey to one another by words, intonations, gestures and expressions of the face and eyes. These penetrate the barriers which shyness, politeness, shame or moral codes impose on us. To take a very basic example: It takes a degree of sensitivity to realize that 'This is rather unfortunate' may mean 'This is extremely awkward'. In human encounter we continuously give each other coded messages, and if you are socially gifted it means you are good at decoding such messages. Misfunctioning of the said nerve centre in the brain will bring about underreaction or overreaction in the realm of human encounter and interchange. In severe cases of social maladjustment neurologists sometimes felt that the only way out of such a pathology was to remove parts of the nerve centre in question, thus replacing overreaction with apathy.

These early stages of scientific discovery hint at the organ which Rudolf Steiner predicted would eventually facilitate such a clear vision of human interchange and destiny that people would be able to look both into the preconditions created by their past as well as into the possibilities and challenges which the continued weaving of human destiny demands. Even the reality of earlier lives and future lives would eventually become visible, and age-old knowledge about the continued development of the human entelechy through sequences of lives on earth would again become common knowledge *and* experience.

Traces of this new faculty of awareness of past destiny and future developments which now needs to be further developed are already noticeable. And there is something else which Steiner predicted and which can now be seen to be happening.[8] He said that where upbringing, antisocial education and antisocial trends deprive people of the opportunity to use the new faculty of empathy and its brain centre in creative, community-forming ways for which they long, this faculty will instead develop in a way which will bring about a culture of wildness and mindless destruction such as is already noticeable amongst the gangs of youths that form in larger cities.[9] On the other hand, if an individual becomes averse to social change owing to personal destiny, hurt or disappointment, then the new faculty of empathy and its new brain centre may wither, which can result in illness and pathology in the realm of social interchange.

It is remarkable that this new brain centre linked with social ability is to be found in the very part of the brain where people of earlier times perceived the so-called 'third eye'. That supersensible organ of old clairvoyance provided human beings with foresight of events to come, as well as insight into the hidden aims of their fellow men and women and of the natural world surrounding them. All this was experienced as fate, indeed very often inescapable fate. But now its place has been taken by an organ of consciousness that is to be used by human beings to help them master their destiny and heal the destiny of their fellows.

7. The transformation of marriage

The growing ability to become aware not only of the manifold interrelations and interchanges between human beings but also of the threads of destiny which are thus revealed and which are newly created from day to day, does not necessarily affect the realm of marriage in a fundamental way. On the one hand the individual will discover the delicate threads of destiny which link him or her to others, and may thereby be guided to find that individual of the opposite sex with whom a lasting marital relationship can be built up.

On the other hand the growing sensitivity for interrelationships can be confusing. We may find ourselves intensely drawn to another person, yet the reasons for this might have very varied causes. Perhaps the person is predestined for us because our special inner affinity can provide the home ground for another specific soul who wants to be born into this world. Perhaps there are tasks to complete or knots waiting to be untied which are left over from a meeting or relationship in an earlier life.

Another possibility is that we have met a sibling or parent whom we loved deeply or missed in a previous life and to whom we are therefore powerfully drawn now. Perhaps we find a marriage partner from a previous life with whom our relationship reached profound depths culminating in living together as brother and sister. In such a case the work of marital union has been completed and need not be taken up again, for the closeness and interrelation gained then can now be used freely in order to fulfil practical and/or spiritual tasks in the service of humanity.

There is thus a host of reasons why a correctly experienced closeness does not necessarily point towards marriage, and the individual must learn to discriminate. Perhaps the situation is like that described in a tale told by the Brothers Grimm called 'The Two Brothers':

Identical twin brothers go out into the world to seek their fortune. The elder eventually marries a princess and becomes king. Then, however, he is drawn into a forest where a witch changes him into a stone. A little later the younger brother returns, sensing that his twin is in grave danger. In order to help him he does not correct the guardian of the city gate who mistakes him for the king. The young queen, too, believes him to be her husband, and thus it becomes necessary for him to place a sword between him and her when they go to bed, in order not to betray his twin brother.

Many individuals in our time may find themselves in a similar situation. In order not to confuse destiny they will have to learn to put a spirit sword between themselves and another person to whom they are close. However, people are all too often not perceptive or courageous enough to put a spirit sword between themselves and the other with whom a closeness exists; and out of this can arise much pain, tragedy and chaos.

This kind of chaos can now be found everywhere in human relationships, especially in the marital realm. It could be said that humanity is being swept by a tidal wave of empathy while having only partially learned how to master it.

However, where danger is greatest help is nearest. More and more people at this time are learning how to absorb situations selflessly, indeed you could say learning how to 'inhale' situations in a way that allows an after-image to arise which can provide guidance as to which way to go, which option to take. Beholding after-images is a natural faculty available to everyone in our time, and it is a faculty which can be strengthened and developed as described in the author's book *Learning to Experience the Etheric World.*[10]

The after-image is the first compass in the confusing manifoldness of the empathic experience; and the beginnings of a second step are already becoming perceptible: the faculty of 'after-sound'. People already exist who are able to perceive their fellow human beings musically. They become aware of which sounds are missing in a person's sound-pattern and can heal disease by administering those missing sounds. They can also investigate how far one individual is compatible with another and advise about the hurdles that would face a possible partnership. It is assumed that the basis of what is termed 'energy medicine' or 'bio-accoustics' is the fact that it is able to provide the sounds which are missing in an individual's environment, sounds which may have been removed from it by pollution through electricity, television, radio or computer networks. Sharry Edwards has been able to inaugurate this work through her ability to hear pure tones which, according to orthodox science, it is impossible for human beings to hear.[11]

This new faculty, which is now accessible to many individuals, can be compared to the faculty of the after-image. Outwardly seen the after-image reveals the complementary colours of those in the picture. Even if only practising with patches of colour on a white background, the observer of the colours in the after-image generated by his own eyes can detect a new etheric tinge. The colour of the after-image will not be as dull as the patch of colour being used for practice. It will glow with a radiance and vibrancy in which the etheric realm of life forces that complements the physical experience is beginning to reveal itself.

Similarly, Sharry Edwards and her pupils are able to perceive sounds which complement an individual's inner and outer sound environment, thereby touching the etheric reality which complements that environment but is inaccessible to the ill person because access to it has been barred by outer or inner causes. The world of sound and music is here beginning to reveal an enormous potential for healing.

It has to be said, though, that bio-accoustics does use electronic equipment in order to produce the missing sounds, thereby making use of the force of electricity which at the same time it suspects of being the source of the illness. Perhaps this can be regarded as a kind of homeopathy, healing by using the very element (in a transformed state) which causes the illness in the first place. Nevertheless, it would be preferable if the illness could be healed by man-made sounds rather than an electronic device.

If we relate this new therapy to the fourfold process of the formation of an after-image described earlier, we can realize that in the awareness of the 'after-sound' one is attempting to become consciously aware of the third stage in the empathic process. The semiconscious resonance and echo of the empathic experience of indwelling is raised into full consciousness. A dreamlike resonance does not need to be transformed into an after-*image* but can directly become an after-*sound* complementing the full musical score of the human symphony.

*

Let us return to the dilemma that arises through the fact that at present we find it rather difficult to integrate our empathic experiences within the whole range of human relationships that are still based on the point and counterpoint of sympathetic and antipathetic soul processes. It is obvious that the symphonic perception of human destiny could become a tremendous help in this. The lengthy process of reading the after-image and understanding what it is saying would be replaced by a musical appreciation of the symphony of the person's destiny which by its very nature leaves much less room for intellectual interpretation.

Eventually a third step in the refinement of that sensitivity which helps us find our way in the world of empathic experiences will be made. The experience of the 'after-*word*' will become more and more accessible. It will tell a person directly what it is that ails his brother or sister. The empathic gesture will gain the intensity which Parsifal's question had attained after he had been cast out of the realm of the Grail to wander for years and years trying to find his way back in order to utter the question which he had been unable to utter earlier.

Then human encounter will become like a sacrament. The individual will be permitted to enter consciously into that sacrosanct sphere of indwelling which at present he can enter only with a consciousness as muted as our day-time consciousness is during sleep. In that future time we shall be able to experience the empathic encounter in such a way that it will tell us how the Christ is dying and resurrecting in the individual we are meeting, for Christ dies day by day in our darknesses and resurrects day by day in our light. Thereby the empathic encounter and the wonder of indwelling will become the receiving of a sacrament which we shall be allowed to give one another.

*

The world of the after-image, of the after-sound and of the after-word is already casting the light of its prophetic forebodings into our present time. The various modes of colour therapy, music therapy and speech therapy, as well as the manifold ways of counselling, are valuable attempts in that direction. And a special mention should also be made of the entirely new art of eurythmy which was developed early in the twentieth century by Marie and Rudolf Steiner. In this art the word as well as the musical sound can be made visible. The intention and gesture hidden in the musical note and the verbal sound can be made visible in a way that enables music and speech to speak to us with a directness that needs no further interpretation. This new art thus has the potential to become an exceptional pioneer on the way towards the future development of after-sound and after-word.

*

We can glimpse how the rising world of empathy can and will eventually be mastered by human beings to the degree in which it will attain the order of a living organism. Pictorially speaking, we can say that human beings will learn to speak, sing and act with each other in such harmony as does the hierarchy of the angels. Humanity will once again reach the status of primal man, regaining the all-embracing oneness which was given to primal man by the divine creator world. But this will not be a primal oneness of sleep within the bosom of providence. It will be an extremely manifold and complex organism the members of which will be consciously working together in the light of the Risen One who has now extended his working into the processes of the etheric world and who will in future extend it into even wider realms.

What will be the place of marriage in this future development? When the empathic relationship develops its threefoldness of after-image, after-sound and after-word these will be able to replace the attraction forces of sympathy and the repulsion forces of antipathy. The sacred realm of marriage will gradually be replaced by a world in which human encounter and human interrelationships will have become a sacrament. Human beings will have reached the age of 'Philadelphia'. Love will be freed from its formerly necessary bonds of passion and human beings will become as free as they are loving.

As science is beginning to tell us, human procreation is in the early stages of decline as the fertility of both men and women diminishes. The human word, on the other hand, will gradually regain the power it possessed in very early times when words could still move mountains. As in the Gospel of Luke (17,6) human beings will be able to say to a tree: 'Be uprooted and replanted by the sea.' And they will be obeyed. And much more than that. Arising out of the light-filled love of an encounter that has become a sacrament, the human word will attain such formative, creative and sculpting power that it will be able to create a living human being. Imagine Michelangelo finding out of a block of marble the most beautiful and life-like human figures, so life-like, in fact, that people in his day told of the statues coming to life during the night and conversing with their creator.

Obviously a development of this kind will necessitate a very profound change of the human psyche as well as of the human constitution. But sensitive and observant contemporaries will be aware that in the course of the twentieth century all development has begun to speed up in a remarkable way. And this acceleration is ongoing. Seen in this light, Rudolf Steiner's statement that puts the beginning of procreation by the larynx into a time beginning a little less than 4,000 years from now may not be as outrageous as it seems at first glance.[12] When the human being becomes truly Christ-endowed, then the Word will be allowed to become Man.

It will require all our deepest devotion, humility, openness and love for that age of 'Philadelphia' to become earthly reality.

Notes

Foreword

1. A movement for 'religious renewal' founded in Stuttgart in 1922 which now has centres around the world.

Part I (pages 3–24)

1. Lemuria is the traditional name for one of the primal continents which present-day science calls Gondwanaland. It covered a region stretching from South America via Africa, Arabia, India to Australia. R. Steiner wrote about Lemuria in chapters 4, 5 and 6 of *Cosmic Memory* (GA 11), Rudolf Steiner Publications, New York 1959.
2. These calculations measure time according to the present speed of the earth's rotation. It is known that with the solidification of the earth the speed of its rotation has continuously increased and is still doing so. Therefore these time calculations do not provide an experiential reality but an intellectual one.
3. E. Bock *The Childhood of Jesus*, Floris Books, Edinburgh 1997.
4. D. Williams *Nobody Nowhere*, Corgi Books 1993.
5. R. Steiner *Genesis* (GA 122), Rudolf Steiner Press, London 1982.
6. K. König *Die Schicksale Sigmund Freuds und Josef Breuers*, Verlag Freies Geistesleben, Stuttgart 1962.
7. This description of the primal gestures of man and woman in their encounter on earth should not give the impression that the author holds puritan views for example on matters such as contraception. There are a thousand ways in which man can fulfil the gesture of penetration. Equally there are a thousand ways in which woman can form and fashion in order to complement her widening and receiving gesture, one of these being the whole realm of householding, caring and nursing. But just as the extremes of determination, aggressiveness and brutality are not restricted to males only, so also are householding, caring and nursing not exclusively

female precincts. The wonder of androgynous wholeness in the human being is striving to re-establish itself in a thousand ways. We are called to become artists in finding these manifold ways in which the fullness of the human being can once again manifest on earth. The clear-cut male approach of 'either/or' needs to be varied increasingly with the female approach of 'not only/but also' which is often so irritating to the male psyche.

8. R. Steiner *Cosmic Memory*, op. cit., chapter 6.

Part II (pages 25–46)

1. Nicolai F. S. Grundtvig (1783-1872), Danish poet, statesman and theologian. His views led to the reform of the Danish education system.
2. W. J. Stein *The Ninth Century and the Holy Grail*, Temple Lodge Publishing, London 2001, p.267: 'The following words ... in Wolfram's poem also hid a riddle: "Quoth Parzival to his uncle, I would see her I ne'er might see, for well nigh five years." (Book XVI, 199) Dr Steiner once explained this remarkable passage ... in answer to my question. He said: Parzival had not seen Kondwiramur ... for more than five years ... But it is of no consequence how many months or days have passed beyond five years if once the separation has lasted for that period. The point is the five years, for, said Dr Steiner, after a five-year separation love is extinguished. Something still remains of course, namely the longing for love, but the love is then extinguished. I was astonished at this and replied that I could not understand how love could be extinguished ... There is a distinction between love and the longing for love ... The poet wishes to tell us that when Parzival met Kondwiramur, his connection with her was over and must again be renewed out of the conscious will.'
3. R. Steiner *Theosophy* (GA 9), Anthroposophic Press, New York 1994, chapter 1.
4. Ibid.
5. Ibid.
6. Ibid.
7. Ibid.

8. R. Steiner *Karmic Relationships, Vol. 2,* Rudolf Steiner Press, London 1974.
9. R. Steiner *The Fifth Gospel,* Rudolf Steiner Press, London 1995, lecture of 4 October 1913.
10. Ibid., lecture of 5 October 1913.

Part III (pages 47–79)

1. 1 Genesis 6,4.
2. The terms 'empathee' and 'empathor' have been coined by the author in order to describe the passive and the active party in the empathic process.
3. R. Steiner *The Reappearance of Christ in the Etheric,* Anthroposophic Press, New York 1983.
4. R. Steiner *The Challenge of the Times,* Anthroposophic Press, New York 1941, lecture of 6 December 1918; *Social and Antisocial Forces in the Human Being,* Mercury Press, New York 1982, lecture of 12 December 1918.
5. D. Williams *Nobody Nowhere,* op. cit., and *Somebody Somewhere,* Doubleday 1994.
6. R. Steiner *The Apocalypse of St John* (GA 104), Rudolf Steiner Press/Anthroposophic Press, London & New York, 1977, lecture of 19 June 1908; *The Pre-Earthly Deeds of Christ* (GA 152), Steiner Book Centre, Toronto 1976, lecture of 1 May 1913; *The Occult Foundations of the Bhagavadgita* (GA 146), Anthroposophic Press, New York 1968, lecture of 1 June 1913.
7. R. Carter *Mapping the Mind,* Weidenfeld & Nicolson, London.
8. R. Steiner *Aus den Inhalten der esoterischen Stunden, 1904-1909* (GA 266/1), lectures of 18 & 23 October 1907 and 9 August 1908.
9. See Note 4.
10. B. L. Urieli and H. Müller-Wiedemann *Learning to Experience the Etheric World,* Temple Lodge Publishing, London 1998.
11. Article 'Subtle Energy Medicine', Copyright Sharry Edwards 1994.
12. R. Steiner *Building Stones for an Understanding of the Mystery of Golgotha* (GA 175), Rudolf Steiner Press, London 1972.

LEARNING TO EXPERIENCE THE ETHERIC WORLD

Empathy, the After-Image and a New Social Ethic

Baruch Luke Urieli and Hans Müller-Weidemann

Today our world is increasingly characterised by feelings of movement and flux, speed and lack of time. Life seems to be marked by change, upheaval and revolution. The authors of this book suggest that, in connection with this atmosphere of turmoil, people are beginning to have conscious and semi-conscious experiences of the etheric world; and yet this growing sensitivity to the etheric—or life—realm only intensifies the experiences of movement and upheaval. To counter these feelings we must take hold of our inner life and strengthen our 'I' or ego.

Featuring essays supplemented with a substantial amount of source material from Rudolf Steiner and other authors, this book introduces us to methods for strengthening our essential self. In particular, we can learn to practise the ability to add to every physical perception—whether it be of a stone, plant, animal or human being—the etheric reality that belongs to it. Through this process we become aware of the 'after-image' and learn, in turn, to be conscious within the etheric realm. This work with the after-image, says Baruch Urieli, 'is not an esoteric path but is, rather, an endeavour to bring the beginnings of a *natural* consciousness of the etheric to full consciousness and, hence, under the rulership of the ego.'

ISBN 1 902636 00 7; 112 pp; £8.95

LE POUVOIR DE LA VOLONTÉ

Éditions Unicursal Publishers
www.unicursalpub.com

ISBN 978-2-89806-034-2

Première Édition, Beltane 2019

MÉTHODE PRATIQUE D'INFLUENCE PERSONNELLE

LE POUVOIR DE LA VOLONTÉ

sur SOI-MEME
sur LES AUTRES
sur LE DESTIN

PAUL-C. JAGOT

1920

UNICURSAL

INTRODUCTION

— Une grande force de caractère ;

— la confiance en soi qui permet d'entreprendre et de réussir ;

— une volonté réfléchie, résolue, tenace ;

— la faculté de se dominer, de se gouverner délibérément ;

— une assurance lucide, aisée et judicieuse en présence de qui que ce soit ;

— le don d'influer sur la pensée, sur les dispositions, sur les décisions d'autrui ; la vigueur mentale et l'adresse nécessaires pour surmonter mille sortes de difficultés : en vérité, tout cela paraît inaccessible à la plupart d'entre nous.

Cependant cela s'acquiert. Ce livre va vous le montrer. Il va vous dire comment déterminer méthodiquement en vous-même, dans une large mesure, toutes les qualifications précédentes, si peu prédisposé que vous y soyez.

L'efficacité de la méthode exposée plus loin a été vérifiée par les lecteurs de ce manuel, eux-mêmes. Si plus de cent quarante mille exemplaires en ont été écoulés, sans la moindre publicité, c'est que nul ne l'a lu sans en être satisfait et sans le recommander autour de lui.

Que le plus déprimé reprenne donc courage et qu'il aborde hardiment l'entraînement graduel que nous indiquons : si débile, si flottante, si craintive soit-elle, sa volonté ne tardera pas à s'affermir, à persister, à s'imposer...

L'intérêt que présente cet entraînement est capital, et, pour peu que le lecteur y donne quelque attention, il se sentira suffisamment porté à tenter un effort primitif qui engendrera les autres. L'affermissement par l'éducation de la volonté du pouvoir recteur de la conscience, est une question d'exercice. Après avoir effectué un premier pas dont on créera l'impulsion en se représentant les avantages auxquels il tend, le second sera mieux assuré et, chaque nouvelle tentative rendra la suivante plus énergique et plus aisée.

La subordination des diverses activités psychophysiques au contrôle de la pensée délibérée, constitue la condition majeure du succès. Elle rend capable d'agir malgré l'obstacle ou la difficulté, conformément à une décision ou à un principe préalablement arrêtés. Elle semble désirable avant toute autre qualification car elle assure le maximum d'harmonie intérieure. A un certain degré de développement physique, la volonté se trouve associée constamment et intimement à la vie intérieure. Elle permet alors de diriger ses pensées, de modérer ou d'exalter, selon le cas, les émotions ou impulsions qu'on éprouve, et de régner souverainement sur les états sensoriels.

L'étroite influence du moral et du physique — dont la notion s'est répandue en ces dernières années par l'usage thérapeutique de la suggestion[1] — se manifeste avec autant de précision que d'intensité chez ceux qui se sont suffisamment entraînés à la concentration volontaire de la pensée : en maintenant dans leur conscience l'image convenable, il leur devient possible d'agir sur les tissus les plus profonds de leur organisme. Préalablement à cette possibilité, nous verrons qu'il est relativement aisé de se créer une condition mentale affermissant puissamment la vitalité et la résistance aux causes pathogènes diverses.

Il est d'autre part acquis à la science expérimentale que la pensée engendre une puissante irradiation et que, à travers l'éther, elle projette vers ceux auxquels nous pensons, des mouvements ondulatoires tendant à éveiller chez eux des états d'âmes complémentaires des nôtres. Les représentations mentales précises, continues, intenses, ont, bien entendu, une téléinfluence beaucoup plus efficace que les images indécises, fugitives et nonchalantes. L'influence psychique individuelle s'augmente donc en réduisant la multiplicité des états d'âme et en apprenant à penser avec énergie.

Allons plus loin. Diverses écoles philosophiques admettent que le VOULOIR humain, par un processus qu'elles expliquent, s'affirme modificateur des causes secondes lorsqu'il est suffisamment dynamisé : ainsi pensent les occultistes, théosophes, magistes, dont les doctrines ont eu chez tous les peuples et à chaque âge de l'histoire d'illustres représentants[2].

---

1 Du même auteur, *Méthode pratique d'autosuggestion.*

2 Voir le *Traité méthodique de Magie Pratique* du Dr Papus et l'œuvre de Stanislas de Guaita.

⁂

Ainsi, nous nous proposons de donner dans ce livre une méthode de développement de la volonté — en vue, d'abord, du gouvernement de soi-même, ensuite de la pratique de l'influence à distance, sur une ou plusieurs personnes, enfin de l'application — pour ceux qui voudront en tenter l'essai — des méthodes de conditionnement volontaire du destin. Les premiers effets déterminés par les pratiques exposées plus loin se traduisent par une impulsion à l'initiative mentale, puis par une sensation d'assurance, de *pouvoir*: on a conscience d'être capable d'efforts de volonté. Peu à peu — d'autant plus rapidement que l'on y mettra plus d'application — la confiance en soi devient continue; les idées parasites, les états émotifs dissolvants, les sollicitations sensorielles sont dominés. La *maîtrise de soi* devient intégrale et l'on dirige bientôt avec la plus grande satisfaction ses sens, sa sensibilité et son intellection. A ce moment, devenu apte à concentrer son énergie psychique sur une image précise, chacun peut agir d'une façon régularisante, médicatrice ou anesthésiante sur les organes physiques. Même indépendamment de l'emprise télépsychique directe sur les autres, il est évident que celui qui a appris à se dominer, à raisonner ses impressions, à conserver une parfaite assurance en présence de qui que ce soit, influe, par cette imperturbabilité même, sur ceux auxquels il a affaire. Un regard exprimant la détermination, une parole nette et judicieusement conduite, une attitude calmement énergique impressionnent d'une manière considérable. D'autres qualités intrinsèques toujours obtenues appréciablement par l'éducation de la volonté s'ajoutent aux facteurs précédents d'influence personnelle : tels sont l'*esprit d'à propos*, la *mémoire*, la *suite dans les idées*, et la *rapidité d'assimilation*. Devenu impossible à déconcerter par les circonstances ou les incidents imprévus comme par l'attitude ou le comportement d'autrui, l'homme — moyennement doué — modifiera son destin. En effet, il conservera en présence de toutes les éventualités le maximum de lucidité d'esprit pour agir ou réagir. Il discernera sans trouble la plus avantageuse conduite à tenir : enfin il exécutera ce qu'il a projeté d'une manière paisible et résolue, entièrement attentif à ce qu'il fait au moment où il le fait, passant à l'instant prévu à l'occupation suivante, gardant au cours de toutes les phases de son labeur une même directive exprimant une volition.

Le titre de ce volume semble donc rigoureusement justifié.

CHAPITRE PREMIER

COMMENT SE PRÉPARER À L'ENTRAÎNEMENT DE LA VOLONTÉ

1. DÉTERMINISME ET LIBRE ARBITRE. — 2. COMMENT CRÉER EN SOI UNE IMPULSION À L'EFFORT. — 3. L'AIDE APPORTÉE PAR LES ASPIRATIONS PRINCIPALES. — 4. LA FORCE NERVEUSE. — 5. IDÉE GÉNÉRALE DE LA SUBORDINATION DE L'AUTOMATISME À LA CONSCIENCE. — 6. CONTRÔLE DES IMPULSIONS ÉMOTIONNELLES. — 7. CONTRÔLE DES IMPULSIONS SENSORIELLES. — 8. POSSIBILITÉ IMMÉDIATE DES EFFORTS PRÉCÉDENTS. — 9. COMMENT TIRER INTÉGRALEMENT PARTI DE CE CHAPITRE.

1. Déterminisme et libre arbitre. — Le caractère de chaque individu est déjà formé à l'âge où il devient capable d'en prendre conscience. De même qu'au physique la constitution organique résulte de l'hérédité, tout ce qui constitue notre être moral : tendances, facultés, aptitudes, etc., préexiste à la notion du « moi ». L'action réciproque des fonctions sur l'intellect et de l'intellect sur les fonctions semble donc prédisposer chacun à sentir, à penser et à agir nécessairement d'une manière déterminée. Deux aphorismes bien connus : « *On ne change pas sa nature* », « *Chassez le naturel il revient au galop* » expriment clairement l'avis — trop aisément partagé parce qu'il dissuade de l'effort — des Écoles philosophiques qui affirment que l'homme ne saurait transformer radicalement sa personnalité. D'après cette théorie, la volonté se déclancherait toujours, à un moment donné, sous l'impulsion rendue la plus puissante par l'heure et les circonstances.

S'il est exact que nos impulsions, nos impressions, nos jugements primitifs résultent de nos conditionnements psycho-physiologiques, il n'en reste pas moins évident qu'une éducation pulsée à une source extérieure à nous-même et reflétée par notre conscience peut y créer l'idée puis la décision de réagir contre cet automatisme. Celui qui se rend compte de l'opportunité d'une semblable réaction subit néanmoins la poussée de son déterminisme tant qu'il n'a pas appris à la dominer. Cela se traduit dans son entendement par la notion d'asservissement. Il l'exprimera en disant : « *Ce fut plus fort que moi* » ou « *Je n'ai pas pu m'en empêcher* ».

L'objectif primordial de ce livre est de montrer comment s'entraîner à agir, malgré les impulsions de l'automatisme, dans le sens que les délibérations du jugement indique comme préférable.

2. Comment créer en soi une impulsion à l'effort. — « *Tout ce qui entre par l'esprit en sort par les muscles* », affirme un antique axiome. Les psychologues modernes admettent également la tendance de toute idée à se transformer en acte. Conformément à cette loi, en considérant avec toute l'attention possible les divers motifs pour lesquels il est utile de développer sa volonté, on se sentira porté à entamer pratiquement ce développement. Ceux à qui la méditation raisonnée est familière n'éprouveront aucune difficulté à se livrer à la contemplation mentale de leurs raisons de se livrer à l'éducation psychique. Si au contraire, l'aptitude à se concentrer est insuffisamment préparée, on la soutiendra efficacement en composant un tableau écrit des modifications qu'on souhaite apporter à sa personnalité, et des avantages impliqués par ces modifications. Nous croyons être utile à plus d'un lecteur en proposant quelques formules :

« *Je veux acquérir un calme continuel, une assurance imperturbable et une confiance justifiée en moi-même.* »

« *Je veux dominer l'anxiété, la crainte, la nervosité et les autres émotions paralysantes.* »

« *Je veux conserver une parfaite lucidité d'esprit en toutes circonstances, demeurer maître de moi quoi qu'il survienne et me sentir parfaitement à l'aise en présence de qui que ce soit.* »

« *Je veux rendre ma mémoire exacte et rapide, mon assimilation vive et correcte, ma volonté indéfectible.* »

« *Je veux cultiver mes aptitudes au suprême degré et acquérir dans le domaine qui leur correspond une compétence et une habileté supérieures.* »

« *Je veux faire ce qu'il convient que je fasse au moment prévu pour cela, malgré toutes les sollicitations ou incidents susceptibles de m'en écarter.* »

« *Je veux contrôler mes impulsions physiques et émotionnelles et refuser de donner suite à celles qui sont contraires à mon équilibre vital, à mon but, à mes principes.* »

« *Je veux examiner judicieusement avant de les admettre, toutes les idées qui me viennent spontanément, qui me sont communiquées ou dont je prends connaissance en lisant.* »

« *Je veux manifester la ténacité sereine, l'énergie courtoise, l'assurance tranquille qui dominent les individus et les circonstances.* »

Le but spécial de chacun lui inspirera d'autres formules. Par exemple, un malade désireux avant tout de recouvrer la santé, pourrait ajouter à ce qui précède : « *Je veux entraîner ma volonté jusqu'à ce qu'elle ait acquis la puissance voulue pour modifier mon état.* » Après avoir lu plusieurs fois d'un bout à l'autre le tableau qu'on aura confectionné, il faut considérer séparément chaque alinéa et en imaginer la signification. Ainsi, la première affirmation que nous avons donnée comme modèle doit être suivie de la représentation imaginaire de ce qu'on éprouverait si l'on se savait doué d'un calme inaltérable ainsi que des possibilités qu'entraîne pareil équilibre nerveux.

Divers auteurs recommandent de transcrire d'une écriture forte et hardie chacune des phrases qu'on se propose de méditer sur un rectangle de papier puis de tenir ses regards fixés sur chaque formule durant quelques minutes.

Ce procédé convient surtout aux agités, dont l'attention s'éparpille moins facilement si on lui fournit un point d'appui matériel.

Les nonchalants, les inertes, trouveront pour activer leur cerveau une aide mécanique dans la marche assez rapide, s'y adonneraient-ils chez eux pendant qu'ils se répètent les affirmations précédentes. Inversement à l'immobilité physique qui tend à calmer l'excitation cérébrale, le mouvement stimule la pensée. Beaucoup d'hommes d'affaires appliquent inconsciemment cette loi lorsqu'ils arpentent de long en large leur cabinet sous l'effet d'une préoccupation dont ils cherchent la solution.

3. L'aide apportée par les aspirations principales. — Pour observer ce qui précède il faut déjà être capable, semble-t-il, d'un petit effort raisonné. Le plus faible caractère en trouvera l'énergie s'il fait appel à son jugement. En effet, on ne saurait concevoir un homme n'éprouvant pas, au cours d'une journée, plusieurs mouvements intérieurs venus de ses principales aspirations. Ces mouvements se traduisent par des états de conscience divers : désir d'acquisition d'un talent ou d'élimination d'une défectuosité désir de mieux être matériel, d'un objet, d'une satisfaction quelconque, désir de considération, d'influence personnelle, etc.

L'habitude d'associer aux aspirations lorsqu'elles viennent à l'esprit, la notion du développement de la volonté qui permettra de les réaliser, crée une disposition du moins momentanée à l'effort. Utiliser ce moment pour amplifier l'élan actif au moyen de la méditation prescrite plus haut c'est accomplir le premier pas et s'ouvrir l'accès de la voie énergétique.

La perspective de devenir une forte personnalité, robuste au physique et au moral, d'obtenir une meilleure situation, de réussir à s'assimiler un art ou une science de se gouverner conformément aux principes qu'on juge profitables et plus généralement d'atteindre le but qu'on se propose dans la vie constitue une série d'*idées-forces* qu'on canalise au profit de la volonté par l'association de pensées indiquée plus haut.

A la lassitude, à l'indécision, à l'inertie, opposons donc notre égotisme supérieur : répétons-nous que nous ne laisserons pas nos tendances inférieures entraver la réalisation de nos plus chers désirs ; considérons qu'une volonté entraînée représente un avantage ayant prise, directement ou indirectement, sur tous les autres ; envisageons que le degré de notre pouvoir volitif mesure l'efficacité de notre réaction contre ce que les circonstances tendent à nous imposer de désagréable ou de douloureux ainsi que celle de notre action sur toutes choses désirables.

4. La force nerveuse. — Un motif suffisamment impérieux actionne toujours la volonté mais celle-ci fléchit rapidement si l'énergie indispensable à l'activité psychique — la force nerveuse — fait défaut. Beaucoup de maladies de la volonté proviennent d'une trop minime production de force nerveuse. Il est néanmoins avéré que tous les asthéniques dépensent inutilement une certaine somme de cette précieuse énergie, dont la rétention suffirait à améliorer presque instantanément leur état.

En conservant dans les divers plexus la force nerveuse éparpillée en expansivités inutiles on tonifie la faculté volitive qui se trouve alors assez soutenue pour s'exercer lorsque l'occasion se présente.

C'est pourquoi nous préconisons, comme premiers efforts d'entraînement une série d'inhibitions ayant, parallèlement à l'effet fortifiant de tout exercice rationnel, celui de supprimer d'importantes émissions de force nerveuse. Deux ou trois jours d'essai suffiront à convaincre le lecteur de la considérable efficacité de ces exercices car il éprouvera consécutivement à leur application une presque immédiate sensation de « *puissance en soi-même* ».

5. Idée générale de la subordination de l'automatisme à la conscience. — Chacun peut observer en lui deux éléments incitateurs d'actes, deux sources d'où partent les décisions. D'une part, la conscience, le jugement, la raison, la réflexion, d'autre part l'automatisme. Un exemple montrera clairement le jeu de ces deux centres de la personnalité : Un jeune étudiant s'installe, au début de la matinée, à sa table pour se livrer à l'étude d'une question abstraite de philosophie encore sans attrait pour lui. Dehors le soleil brille, et par la fenêtre entr'ouverte arrive, avec de délicieuses bouffées d'air frais, l'écho de mille bruits joyeux de l'extérieur. Notre garçon est vivement tenté de laisser là son livre rébarbatif et de sortir à la rencontre de quelques camarades avec lesquels il se livrerait à un de ces jeux de plein air qu'adore l'adolescence saine. Mais ce mouvement de l'automatisme, cette *impulsion* rencontre une résistance dans la conscience du petit sujet: l'examen s'approche, il comporte un programme surchargé; que seule une assiduité soutenue lui permettra d'assimiler. Alors s'engage le « combat intérieur » de l'issue duquel dépendra la conduite de l'étudiant.

L'assouplissement de l'automatisme, méthodiquement conduit en s'efforçant de maîtriser d'abord des impulsions insignifiantes, puis de plus importantes, assure peu à peu sa subordination rapide et facile aux représentations réfléchies.

6. Contrôle des impulsions émotionnelles. — Une énorme dépense de force nerveuse accompagne la satisfaction des impulsions émotionnelles. C'est pourquoi on ne saurait mieux commencer la culture de la volonté qu'en s'entraînant à les contrôler. Voici les principales:

1° L'expansivité sous toutes ses formes. — D'une manière générale efforcez-vous de garder le silence. Si, par exemple, vous apprenez une nouvelle et que vous ayez le désir de la communiquer à un ami, songez qu'en le faisant vous gaspilleriez une certaine énergie; conservez cette énergie: ne dites rien. Ne manifestez pas vos impressions, notamment celles qu'éveillent en vous les propos de votre entourage: chaque exclamation, chaque parole, chaque geste retenus augmente votre réserve nerveuse. N'éparpillez pas votre force mentale en menus propos, commentaires des événements du jour, appréciations sur les gens qui passent ou les actions auxquelles vous assistez. Tout cela ne signifie pas l'insociabilité mais simplement la rétention d'activités inutiles à vous-même et aux autres. Lorsque vous avez nécessairement à parler, ne le faites pas mécaniquement, automatiquement : pesez vos expressions, substituez à celles que vous alliez prononcer *impulsivement*, d'autres paroles réfléchies. Ne discourez pas avec animation : vous vous dépenseriez en pure perte et surtout ne discutez pas. Ecoutez calmement ce qu'on vous communique et n'exprimez votre avis que si c'est indispensable. Ne permettez pas qu'on vous fasse parler malgré vous. Si quelque bavard vous accable de son verbiage, ayez l'air de vous intéresser à ce qu'il débite, laissez-le disperser sa force nerveuse et continuez à condenser la vôtre.

2° L'approbativité. — L'homme est porté chaque fois que l'occasion s'en présente à se faire valoir, à tâcher de donner aux autres une idée avantageuse de sa personnalité, à leur faire part de son avis qu'il tient toujours pour supérieur, observez ceux que vous entendez : vous découvrirez combien d'efforts stériles la vanité impose à la plupart des gens enclins au désir d'approbation. Observez-vous vous-même de manière à réprimer soigneusement cette tendance.

3° Emportement. — C'est en commençant par dominer un léger mouvement d'impatience qu'on arrive à garder un sang-froid imperturbable même en présence de provocations graves. Le désappointement, l'irritation, l'énervement déterminent des expressions physionomiques, des gestes, des éclats de voix qu'on a le plus grand avantage à s'interdire. L'exercice de l'impassibilité contribue puissamment à développer la volonté.

7. Contrôle des impulsions sensorielles. — Nos cinq sens sont sans cesse affectés par une multiplicité d'impressions réagissant sur nos dispositions mentales. Il est excellent de s'appliquer à raisonner ces impressions. Enumérons-en quelques-unes propres à chaque sens : l'aspect des êtres et des choses altère parfois profondément nos dispositions intimes. C'est ainsi que nous nous laissons influencer par le cadre où nous nous trouvons : « Nous n'entrons pas, dit « Sylvain Roudès, de la même manière dans une auberge « de village, dans le salon d'une mondaine ou le cabinet « d'un médecin célèbre lorsque les hôtes en sont absents. « Les tentures, les œuvres d'art, les cristaux du salon, les « meubles sévères du cabinet médical exercent involontai- « rement sur nous une certaine impression qui se répercute « jusque sur notre tenue[3] ». Si le hasard nous rend témoin d'un accident plus ou moins tragique, nous détournons la tête instinctivement. L'habit et l'allure des gens modifient notre attitude à leur égard. Les périodes sombres de la température qui donnent aux objets du dehors quelque chose de triste et de déplaisant troublent parfois notre activité. Autant d'occasions de s'exercer à la maîtrise de soi. Le contact de certains corps, de certains animaux inspire à notre toucher une répugnance ou même une horreur insurmontable... en apparence. Sans le rechercher subissons-le

---

3 Pour faire son chemin dans la vie.

le plus froidement possible lorsque l'occasion se présente. Les bruits discordants, brusques, inattendus amènent une contraction des muscles du visage, provoquent un sursaut, une exclamation : réprimons ces réflexes et entraînons-nous à écouter tranquillement le vacarme de l'usine, l'aigreur criarde d'une voix ou le tintamarre des véhicules. Lorsqu'une odeur désagréable heurte notre odorat, tâchons d'en écarter la source, surtout si cette odeur signale une possibilité d'intoxication, mais si elle est inoffensive ne craignons pas d'en subir les effluves en nous disant : « Je ne permets pas à cette cause insignifiante de m'affecter ». On sait que les préférences et les répugnances alimentaires ne correspondent pas toujours à l'excellence ou à la nocivité des comestibles dont il s'agit. Là encore faire appel au jugement et laisser prévaloir celui-ci pour régler nos ingestions.

8. Possibilité immédiate des efforts précédents. — « Etre « énergique, ai-je écrit dans un précédent a ouvrage[4] est « une chose, agir comme si on l'était déjà, du moins occa- « sionnellement, en est une autre. Ne dites donc pas : « il « faut déjà avoir de la volonté pour observer ce qui pré- « cède ». *Pour l'observer continuellement et sans fatigue spé- « ciale : oui,* mais, au début, nous ne conseillerions à per- « sonne un pareil effort qui serait exagéré ; *pour s'efforcer « de se conformer à la conduite qu'aurait dans tel cas un homme « énergique : non* ».

---

4 *Méthode Scientifique Moderne de Magnétisme, Hypnotisme, Suggestion.*

Si nous considérons le plus faiblement doué des individus, nous voyons néanmoins la possibilité de tentatives de résistance sinon de résistance immédiatement victorieuse. Il ne faut d'ailleurs pas s'attendre, si fort qu'on se croie, à réussir dès le premier jour dans l'application impeccable des règles précédentes. L'objectif exact du débutant doit être de *tenter souvent d'en tenir compte*. Si, comme cela arrive fréquemment les premiers jours, on ne pense pas, au moment où l'impulsion se déclanche, à la réprimer, on évitera du moins l'inutile émotion qu'est le dépit : on fera simplement suivre la constatation du manque d'attention que nous signalons d'une affirmation intérieure analogue à celle-ci : « *Je veux y penser à temps la prochaine fois, je suis absolument décidé à me rendre maître de mon automatisme* ». Effectivement, en réitérant ce procédé la conscience arrivera à intervenir à temps.

Lorsqu'une même impulsion a été contenue assidûment durant quelques jours, elle revient presque toujours, à un moment donné, avec une intensité beaucoup plus puissante qu'à l'ordinaire. C'est là un écueil à combattre vigoureusement car après l'avoir dominé on peut être certain de venir à bout, par la suite, de l'impulsion primitive avec la plus grande facilité.

9. Comment tirer intégralement parti de ce chapitre. — Avant de le mettre en pratique, relisez-le plusieurs fois. Son contenu imprégnera votre esprit et mieux vous l'aurez compris, analysé, médité, mieux vous serez disposé pour en effectuer l'application.

Lorsque vous serez certain d'en être bien pénétré ; lorsque vous aurez observé combien la pente de l'entraînement indiqué est douce, graduelle, soigneusement combinée pour que n'importe qui puisse le suivre, commencez à vous fixer pour tâche d'essayer, le lendemain, d'appliquer *UNE* de nos prescriptions en y mettant toute votre attention, toute votre énergie. Secondement, réitérez l'effort initial en le faisant suivre d'un second, différent. Essayez-vous successivement à maîtriser toutes les impulsions décrites. Enfin, tâchez, durant une journée entière de vivre en tenant compte de l'ensemble du chapitre et, quand vous y serez parvenu un jour, recommencez toute une semaine. Vous serez alors très bien préparé pour passer au chapitre suivant.

N'oubliez pas de puiser dans vos aspirations supérieures, dans votre ambition, dans votre désir de progrès, de supériorité, de succès, le réconfort sustentateur de l'effort.

Si vous êtes saisi par une « vague d'inertie » raisonnez froidement ce phénomène. Dites-vous paisiblement : « Je me sens présentement déprimé mais cela ne peut durer. D'ailleurs, dans quelque temps, quand je serai plus entraîné, pareil fléchissement ne m'affectera plus. »

Enfin, n'attachez aucune importance aux paroles décourageantes qu'on peut vous adresser. Il est inutile de confier à qui que ce soit que vous vous adonnez à la culture psychique. Cette manifestation d'expansivité est la première qu'il faille réprimer. Vous éviterez ainsi à ceux qui n'ont pas encore *conscience de l'opportunité d'une semblable culture d'exprimer leurs avis.*

CHAPITRE II

COMMENT SE GOUVERNER

1. RÉGULARISATION ORGANIQUE. — 2. CONTRÔLE DU SOMMEIL. — 3. MISE AU POINT DE L'ACTIVITÉ MENTALE AU RÉVEIL. — 4. CHANGEMENT VOLONTAIRE DE PENSÉES. — 5. LES DÉTENTES. — 6. EXAMEN PÉRIODIQUE DE SOI-MÊME. — 7. LES DÉPRESSIONS OCCASIONNELLES. — 8. LES HABITUDES. — 9. LE CALME.

1. Régularisation interne. — Le jeu des facultés mentales et en particulier de la volonté dépend étroitement de l'état organique. Avant d'avoir acquis le développement psychique voulu pour influer sur les diverses fonctions par la concentration de l'attention sur une image idéative, c'est en appliquant son vouloir à s'imposer une hygiène rationnelle qu'on gouvernera son état physique. La directive de cette hygiène est d'éviter soigneusement toutes les causes d'intoxication : « L'intoxiqué, a justement écrit le Docteur Gaston Durville, sent et voit au travers de ses toxines ». La psychothérapie proprement dite échoue lorsque parallèlement à son application, le malade n'a pas été soumis à'un régime déterminant l'élimination des divers poisons qui en encombrent ses organes. Quand la masse cérébrale puise sa nutrition dans un sang vicié, un malaise s'ensuit d'abord avec une disposition à l'inertie et les troubles plus graves ne tardent pas à apparaître. Une légère intoxication suffit à annuler le ressort de l'esprit, à créer le pessimisme, la tristesse, l'abattement, la crainte de l'effort.

Les individus doués d'une robuste constitution ne ressentent pas immédiatement la conséquence psychique des diverses causes d'intoxication, sinon une certaine lourdeur de tête survenant notamment après les repas ; mais tôt ou tard l'arthritisme, sous ses diverses formes vient altérer leur vitalité générale, diminuer leur puissance de travail cérébral et perturber leur système nerveux. Inversement, les organismes faibles, délicats, chancelants, éprouvent une véritable rénovation par l'observance des règles exposées plus loin. Une alimentation rationnelle, une abondante oxygénation du sang, une circulation homogène, sont les trois conditions primordiales de l'équilibre physiologique, lequel, en libérant la volonté de toute gène intérieure place celle-ci dans les meilleures conditions de développement.

En premier lieu il faut réglementer son alimentation en écartant résolument de sa table les comestibles hypertoxiques. Lors même que malgré l'usage de ces derniers les fonctions éliminatoires s'accompliraient parfaitement, ce ne peut être qu'au moyen d'un travail interne laborieux, exigeant une dépense de force nerveuse dont se trouve ainsi privée la faculté volitive. Cette première mesure qualitative marche de pair avec la restriction quantitative des ingestions. La quantité exacte d'aliments qui suffit à chacun varie suivant les natures, la profession, le climat mais nous pouvons indiquer à ce sujet un critère absolu : un repas est trop abondant s'il occasionne le moindre alourdissement.

Voici, d'après les travaux des Docteurs Pascault et Carton, la nomenclature de deux séries de mets figurant ordinairement sur nos tables. La première est recommandée à ceux qui tiennent au développement intégral de leur volonté. La seconde leur est formellement contre-indiquée. Toute chose ne figurant ni à l'une ni à l'autre des deux listes est utilisable avec modération.

Première série : aliments recommandés. — Gigot, côtelettes, jambon d'York, beefsteak grillés, lapin, poulet, pigeon, gruyère, brie, hollande, coulommiers, demi-sel, suisse, beurre, huîtres, soles, merlan, légumes frais, pommes de terre, riz, marron, poireau, artichaut, épinard, concombre, salade crue, salade cuite, cresson, raves, céleri, chou-fleur, chou, chou-navet, navet, panais, carotte, champignons, fruits crus et cuits, melon, citrouille, semoule, lait.

Deuxième série : aliments à supprimer : ils intoxiquent et occasionnent une dépense fonctionnelle d'élimination qui contrebalance leur apport de force. — Alcool, liqueurs, vieux vins, porto, (les vins légers et naturels sont au contraire recommandés), gibiers, viandes grasses, foies gras, canard, oie, cervelle, charcuterie, porc, tripes, abats, fromages fermentés, graisses cuites, crustacés, poissons, conserves en boites métalliques, morue, légumes secs de couleur, oseille, choux de Bruxelles, confitures, pâtisseries à la crème, chocolat.

Nous avons souvent entendu ceux auxquels nous indiquions ce régime nous dire qu'« ils ne pouvaient pas se passer » de tel ou tel aliment. D'autres nous ont objecté la privation de satisfactions gastronomiques. Là comme ailleurs un effort s'impose qui sera accompli d'autant plus aisément qu'on se sera mieux pénétré de son opportunité. Du reste, nous aimons surtout les menus auxquels nous sommes habitués : voyez la différence de goûts de nos voisins d'outre-Manche ou d'outre-Rhin, des Africains et des Asiatiques. Sur notre douce terre de France même, avec quel malaise primitif un homme du Midi s'accommodera de la table de son compatriote du Nord et réciproquement. Nous savons que l'habitude — la tyrannique habitude — surtout appuyée d'un élément atavique, nous attache à une certaine alimentation. Satisfaisons cette idiosyncrasie par des « repas exceptionnels » revenant chaque mois ou chaque quinzaine, mais demeurons maître de notre goût le reste du temps. Peu à peu une électivité s'affirmera pour les bons aliments, ceux de notre première série. Et, lorsque nous nous sommes intoxiqués, ayons soin de favoriser l'élimination des éléments dévitalisateurs par un lavage du rein et du foie, effectué soit en absorbant de l'eau de Vittel le lendemain matin à jeun, soit en faisant un repas entièrement fruitarien

La seconde condition de la pureté du sang, son oxygénation suffisante est loin de recevoir toute l'attention qu'elle mérite. Il a fallu l'évidence d'une véritable dégénérescence de la race pour que la culture physique obtienne dans les programmes scolaires l'importance indispensable.

Un solide gaillard parvenu à soixante-dix ou quatre-vingts ans sans jamais s'être soucié d'hygiène hausse généralement les épaules quand on aborde cette question, sans songer qu'il doit sa belle résistance à des ancêtres plus sobres et plus familiers avec le travail musculaire. Le lecteur décidé à exercer le pouvoir de la volonté ne s'arrêtera pas plus aux suggestions des négateurs du bienfait de la réglementation organique qu'à celles de l'inertie. Il s'adonnera aux exercices suivants et ne tardera pas à en ressentir les bons effets.

Exercice 1. — Dès votre réveil, étendez-vous horizontalement sur le plancher, les bras le long du corps. Prenez une inspiration lente et profonde que vous aiderez en décrivant avec vos bras un demi-cercle latéral complet. Vos mains devront toucher le plancher derrière vous au moment même où votre inspiration s'achèvera, rejetez, ensuite, l'air inspiré en ramenant vos bras à leur position primitive, recommencez ceci dix à vingt fois.

Cet exercice peut être exécuté debout. Il faut alors s'adosser à un mur que l'on touche des mains, à la fin de chaque inspiration.

Exercice 2. — Recommencez le précédent avant chaque repas, puis avant de vous livrer au sommeil.

Nous ajouterons que la pratique de la gymnastique suédoise en chambre et même celle d'un sport plus ou moins violent, contribuent à développer la volonté à la condition expresse d'apporter la plus grande attention à ce que l'on fait, de concentrer le plus parfaitement possible sa pensée sur chaque mouvement exécuté. La natation et l'escrime nous paraissent devoir être préférées.

Il est bon de s'accoutumer progressivement à conserver ouverte la fenêtre de la pièce où l'on dort et d'éviter de se livrer au sommeil avec la tête trop surélevée : l'horizontalité du corps favorise au contraire la fonction respiratoire. Ainsi une syncope cesse plus vite si on étend le malade, la tête au niveau du corps ou même un peu plus bas.

Une bonne circulation et une bonne alimentation sont les deux compléments. La respiration active aide à la circulation. Mais il est, de plus, indispensable de donner chaque matin une excitation périphérique aux vaisseaux capillaires, ce qui régularise très efficacement la fonction vasculaire. Pour cela il suffit de faire ruisseler sur toute la surface du corps, de haut en bas, de l'eau à basse température. Aucune installation n'est nécessaire. Un récipient quelconque (baquet, bassine, tub, etc.), à demi plein d'eau fraîche et une éponge suffisent. En passant sur la peau cette eau provoque l'afflux du sang dans les tissus.

Ceux qui craindraient le brusque contact de l'eau peuvent faire précéder le tub froid proprement dit d'un tub chaud ou tiède. Les quelques contre-indications justifiées à cette pratique sont motivées par certaines affections chroniques, notamment des poumons et des bronches.

2. Contrôle du sommeil. — Dormir paisiblement et suffisamment est indispensable pour que la fatigue de chaque jour disparaisse complètement. Le réveil est alors exempt de lassitude, le lever s'effectue volontiers et la journée s'entame dans une sensation de bien-être. L'esprit lucide, le corps alerte, on présente un maximum de puissance et de résistance devant les difficultés cérébrales et les efforts matériels. L'homme qui dort bien pense, sent et agit avec la plénitude de ses facultés.

L'aspect extérieur ressent les bienfaits des nuits de bon repos. Le teint du dormeur normal est frais, clair, les traits détendus. La voix résonne de tout son timbre et l'articulation a son entière netteté.

Enfin, le bien dormir conserve: chaque heure donnée à Morphée est une véritable interruption de la vie, c'est-à-dire de l'âge.

Inversement le manque de sommeil déprime et use rapidement. Outre leur morne fatigue les nuits blanches peuvent avoir pour effets les plus graves désordres nerveux et on peut dire qu'elles facilitent tous les autres. Le manque de repos et le défaut d'assimilation qu'elles entraînent placent l'organisme en état de moindre résistance aux intoxications de toute sorte, à l'envahissement microbien, à l'action des intempéries, aux émotions violentes, aux blessures, en un mot, à tous les assauts que l'on peut avoir à subir.

Outre ces raisons purement hygiéniques et d'un intérêt indirect pour la volonté, l'exercice de celle-ci au moment où on va se livrer au sommeil est extrêmement efficace. Réduire à la passivité l'automatisme psychologique en raison duquel l'afflux des pensées continue à l'heure du repos, demande une attention, un auto-contrôle parfois considérables dont la mise en jeu permet de faire un grand pas dans la subordination des activités intérieures au vouloir réfléchi.

Voici exactement comment procéder:

Premièrement : S'étendre au milieu du lit — ou de la partie du lit qu'on peut occuper. Tous les membres doivent être entièrement allongés. Chercher une position agréable où chaque portion du corps repose de tout son poids. Nous conseillons de se placer sur le côté droit, ou sur le dos, mais, dans ce dernier cas, en faisant légèrement obliquer le corps vers la droite. Ceci réalisé, et *la meilleure position du corps — celle où l'on est le plus à l'aise, — définitivement trouvée, s'imposer une complète immobilité.* Puis, vérifier qu'on a bien détendu tous ses muscles. Reporter son attention aux membres inférieurs. Les pieds sont-ils bien relâchés ? Ne sont-ils pas crispés ou tordus ? Les jambes et les cuisses appliquent-elles de tout leur poids, sans aucune tension, sur le drap.

Ensuite on passera à la poitrine. N'est-elle ni comprimée ni contractée ? Tâcher de lui donner un jeu facile. Les bras reposent-ils parfaitement ? La tête est-elle placée de manière à ne donner aucune fatigue aux muscles du cou ?

Au bout d'un moment plus ou moins court, on éprouve généralement un besoin de remuer, si impérieux, si subit qu'on le satisfait avant même d'avoir songé à y résister. Reprenant alors la position primitive on s'impose à nouveau l'immobilité en surveillant le retour de l'impulsion et dès qu'elle réapparaît on s'efforce de n'y pas céder. Après un quart d'heure environ d'immobilité, on éprouve une sorte d'engourdissement agréable et on se rend compte que le sommeil vous gagne graduellement. Ainsi, la plus rebelle insomnie sera vaincue et l'agitation nocturne, les rêves obsédants, seront remplacés par un repos calme, complet, profond.

3. Mise au point de l'activité mentale au réveil. — L'inertie physique et morale du sommeil persiste plus ou moins longtemps après le réveil. La combattre à l'aide d'un excitant, de café par exemple, c'est tirer un chèque sur son capital vie. La force nerveuse extraite des plexus sous l'action de la drogue apporte une stimulation peu durable et toujours suivie d'une dépression correspondante D'ailleurs, il s'agit moins de se *réveiller*, que de rappeler à soi les pensées, saines, déterminées, bien orientées, dont on a besoin pour commencer consciemment à agir suivant les principes de la culture psychique. Après un certain temps d'observance de *l'auto-contrôle du sommeil*, la lucidité d'esprit suit presque immédiatement le retour de conscience à l'activité. Voici, de plus, un procédé qui aide à se rendre maître des impressions dissolvantes du matin. Placez à portée de vos mains, le soir un ouvrage quelconque mais dont la lecture captive votre intérêt. Dès que vous êtes éveillé saisissez-le et suivez l'impulsion de l'intérêt que vous portez à ce livre : reprenez-en la lecture an point où vous l'aviez laissée la veille. Ceci vous rendra rapidement votre clarté d'idées.

Aussitôt que ce premier résultat est obtenu, laissez le volume et remémorez-vous rapidement les occupations projetées pour la journée qui commence, en associant constamment à leur représentation mentale la notion de leur intérêt ou du moins de celui que vous attachez à certaines d'entre elles. Tout ceci demande à peine une dizaine de minutes et prépare merveilleusement la volonté à agir.

4. Changement volontaire de pensée — S'absorber entièrement dans son travail, dans l'examen d'une question, dans l'occupation à laquelle on se livre, contribue non seulement à assurer la perfection et la rapidité de l'action envisagée, mais aussi à développer les facultés mises en jeu par l'attention.

Pour exercer la volonté dans ce sens choisissez un moment de loisir et efforcez-vous de donner à vos pensées un objet déterminé. Moins cet objet aura d'attrait par lui-même plus l'exercice sera efficace. Il ne manque pas de sujets qui accaparent aisément l'attention mais c'est l'automatisme psychique qu'on développerait en dirigeant volontairement sur eux son idéation.

Mieux vaut, au contraire, s'arrêter à quelque banal auxiliaire de la vie courante : un outil, par exemple. Considérez-le sous tous les rapports possibles, dimensions, poids, substance, imaginez les transformations successives que cette dernière a subi avant de prendre l'aspect que vous lui voyez.

Songez à son importance sur le marché, aux désagréments qui surviendraient si sa fabrication se trouvait suspendue. Cet outil pourrait-il se perfectionner ? dans quel sens ? Indépendamment de ses usages habituels que vous pourrez passer en revue, à quoi un homme ingénieux parviendrait-il à l'adapter ?

Chaque fois que la pensée dévie, ramenez-la vers l'objet choisi et reprenez votre série d'observations.

Vous serez surpris de constater la diversité des notions qui surgirent de votre subconscience.

Au moment où vous ressentez de la fatigue, au cours d'une besogne quelconque, suspendez votre activité, asseyez-vous confortablement, demeurez cinq minutes immobile et efforcez-vous cinq autres minutes de penser à un sujet très différent de votre occupation interrompue. Les centres fatigués se reposeront entièrement et vous vous trouverez bientôt aussi dispos qu'au début de la journée

Tons les ouvrages d'éducation de la volonté insistent sur les exercices précédents. En voici quelques variantes empruntées à divers auteurs :

— Lisez chaque jour quelques pages d'un livre traitant des côtés importants de la vie et concentrez votre mental sur ce que vous lisez. Ne lui permettez pas d'errer et de se dépenser en pure perte ; s'il s'éloigne rappelez-le et imposez-lui de nouveau la même idée. *(Annie Besant)*

— Lisez cinq minutes et méditez un quart d'heure sur ce que vous venez de lire. *(Les théosophes)*

— Tenez vous droit sur votre chaise, le menton développé et les épaules aussi effacées que possible. Élevez latéralement le bras droit jusqu'à la hauteur des épaules, tournez la tête et le bout des doigts à droite en maintenant le bras dans sa position horizontale pendant une minute au moins. Faites la même expérience avec le bras gauche et quand vous serez arrivé à des mouvements souples et précis augmentez la durée de jour en jour. *(Atkinson)*

— Prenez un verre d'eau, tenez-le entre les doigts et tendez le bras, droit, bien en face de vous. Immobilisez-le autant que possible de manière à ce que la surface de l'eau ne trépide pas. *(Atkinson)*

— En vous promenant, examinez attentivement les personnes que vous rencontrez et notez le plus exactement possible la coupe et la couleur de leurs vêtements, de leurs chaussures, de leur coiffure, leurs attitudes, leurs gestes, leurs manières. Procédez pour les choses d'une manière analogue et vous acquerrez vite la faculté de voir rapidement et de vous souvenir longtemps. *(Durville)*

Le temps à donner à ces diverses pratiques varie avec la rapidité qu'on souhaite dans l'obtention des résultats. Au début on peut se borner à deux ou trois exercices par semaine.

5. Les détentes — La tension psychique qu'exigent les efforts de développement de la volonté fatigue plus ou moins rapidement. Après une période d'activité, il faut délasser ses facultés durant quelques heure afin de reprendre ensuite, frais et dispos, l'œuvre commencée. Si pressé qu'on soit d'obtenir tels ou tels résultats, il ne serait pas judicieux d'y travailler sans trêve car on s'acheminerait vers une dépression dont la durée serait proportionnelle au surmenage qu'on se serait imposé. Savoir se reposer est un art. Abandonner volontairement ses préoccupations les plus pressantes, détendre complètement son cerveau, ses nerfs et ses muscles pour permettre à l'impulsion initiale de se manifester à nouveau et de continuer joyeusement la réalisation des plans qu'on a formés. L'inaction ne dissipe pas par elle-même la fatigue. Il est indispensable pour cela qu'elle s'accompagne d'une parfaite détente mentale.

La pratique de l'isolement, décrite plus loin, (Chapitre V) constitue le meilleur moyen de se soustraire à toute dépense d'énergie physique et morale. Toute autre distraction sera également salutaire à condition qu'on sache en libérer sa conscience au moment voulu et qu'on n'en soit pas préoccupé à l'avance plus de temps qu'il n'est utile pour décider de s'y adonner.

Il convient de fixer les jours et heures de « détente » et le genre de celles-ci. Jusqu'à l'instant prévu, on évitera d'y songer, observant le principe « *age quod agis* » c'est-à-dire la concentration totale de l'esprit sur l'occupation du moment. Conformément à ce même précepte, se détourner résolument de sa tâche quand l'heure sonne de se divertir et laisser pleinement accaparer son attention par l'exercice physique, le spectacle, le jeu, qu'on a choisi. Puis, au sortir de cette utile relâche des facultés psychiques, diriger sa pensée vers la continuation des travaux entrepris reprendre son auto-contrôle et réattaquer fermement la poursuite du but qu'on s'est fixé.

Nous déconseillons formellement au lecteur désireux d'arriver à une maîtrise de soi de céder aux « occasions » incidentes de plaisirs, si séduisantes qu'elles puissent paraître. Lorsque, soudainement, un désir quelconque sollicite l'attention, il faut également se garder de déranger l'emploi prévu de son temps pour la satisfaire, mais lui assigner, s'il y a lieu, une place au cours de la prochaine période de détente.

6. Examen périodique de soi-même. — Sous l'influence de multiples sollicitations il arrive qu'on s'écarte de la directive qu'on s'est assignée. A moins d'une rare rectitude de jugement, il survient aussi dans certaines circonstances qu'on agisse précipitamment et autrement qu'il l'eût fallu. Avant d'avoir acquis une volonté suffisamment ferme, les défections de celle-ci trahissent fréquemment les meilleures intentions. Il faut se rendre un compte exact de ces diverses fautes si l'on veut les éliminer progressivement.

Pour cela, prévoir un instant de loisir au moins par semaine, et l'utiliser à se remémorer les pensées, les émotions, impulsions, actions des jours précédents en tâchant de dégager les mobiles qui les ont déterminés. Il importe de se juger sans indulgence, de reconnaître froidement qu'on s'est trompé, qu'on a failli, qu'on s'est laissé dominer par ses tendances inférieures ou par les suggestions des autres. Examiner si les décisions que l'on a prises ont subi quelque influence à écarter et au besoin les rectifier. S'efforcer de percevoir comment le jugement a été induit en erreur, comment on a été amené à négliger ou à violer les règles de la culture mentale. Méditer sur les conséquences fâcheuses des écarts relevés, sur celles qu'auraient leur renouvellement et surtout sur les bons effets qu'on attend de l'exercice de la volonté

Pour terminer, se répéter énergiquement qu'on est décidé à réagir avec la plus grande fermeté, et, en particulier, à éviter les circonstances dissolvantes.

7. ***Les dépressions occasionnelles.*** — Les caractères les mieux trempés ploient et malheureusement demeurent parfois brisés par un brusque et douloureux événement. Le décès d'un être particulièrement affectionné, l'adversité réduisant à néant le fruit de longues années de labeur, les ravages d'une pénible maladie bouleversent l'équilibre, abattent le courage ou anéantissent les sources biologiques de l'énergie. La notion de l'irréparable déprime d'autant plus fatalement qu'elle prévient toute idée de réaction. Qu'objecter à l'atroce gémissement : « Rien ne me rendrai ce que je viens de perdre ? »

Qu'adviendra-t-il du rôle et du pouvoir de la volonté quand la source même où elle puisait chaque jour une force nouvelle s'effondre et laisse l'esprit inerte ? L'homme, à de pareils moments, éprouve une paralysante stupéfaction sous la notion du peu que semble peser son vouloir devant l'aveugle cruauté d'inévitables catastrophes. Il est là, prostré devant la ruine de ce à quoi, ici-bas, il tenait le plus éperdument et, autour de lui superbement indifférent, continue à se jouer le mécanisme froid de la vie extérieure.

C'est en psychologue positif qu'il nous appartient de conseiller notre exemple. Qu'il soit persuadé que la plus judicieuse compassion inspire ce qui va suivre.

— Votre détresse est infinie, l'amertume déborde de votre âme, il vous semble que votre existence va s'écouler désormais dolente et misérable au milieu d'un monde devenu sans attraits. Voulez-vous du moins diminuer l'intensité de votre douleur ? Alors, résolument, prenez les mesures que voici : Ecartez-vous de tous ceux, qui connaissant le malheur dont vous êtes accablé, se croiraient obligés de vous en parler avec sympathie. Ne cédez pas au démon de l'expansivité. Ne parlez pas de votre état et masquez-en soigneusement les indices. Pour calmer l'agitation de vos pensées, demeurez de longues heures immobile, isolé dans quelque endroit tranquille sis hors de votre cadre habituel. Vous pouvez transformer la disposition d'une des pièces de votre appartement afin de n'y pas recueillir de perceptions s'associant à des réminiscences pénibles. Recherchez la vue d'endroits, de spectacles, de choses que vous ignoriez. Les premiers temps du moins évitez de raisonner ou d'épiloguer sur ce qui vient de se passer. Au contraire, créez le plus grand nombre possible de diversions. Imposez-vous un soin tout particulier de votre organisme et ne perdez pas une occasion d'agir en vue de soutenir ou d'augmenter votre vitalité.

Au bout de quelques jours une impression d'anesthésie morale succédera à l'acuité douloureuse des premiers instants. Ce sera, alors, le moment de faire appel à la raison, de réorganiser votre existence. Si vous êtes matérialiste, d'esprit positif, l'idée de lutte en vue de recréer des conditions analogues à celles d'où résultait le bonheur écroulé vous sourira certainement. Si au contraire vos observations vous ont amené comme nous, à admettre la persistance de la personnalité post-mortem et une finalité utile aux diverses épreuves de l'existence, un vaste champ de méditations réconfortantes est ouvert devant vous.

8. Les habitudes. — Par un phénomène d'automatisme bien connu, on se crée, par habitude, des besoins factices inutiles ou néfastes, à la satisfaction desquels on se sent étroitement contraint. L'antagonisme de l'intelligence et de l'automatisme ne saurait mieux être mis en lumière que dans le cas du toxicomane qui sait que la drogue qu'il absorbe lui cause des souffrances, qui voudrait en cesser l'usage et qui ne peut dominer l'irrésistible tentation. Il semble que plus un vice est pernicieux plus il est tenace et qu'à un certain degré d'emprise il soit incurable. Tant que le malade conserve la notion de l'opportunité de s'en débarrasser, la guérison reste néanmoins possible car cette notion, convenablement développée, accapare bientôt suffisamment la conscience pour s'opposer à l'habitude à la manière d'un contrepoids.

La volonté, bien que souvent impuissante à annuler d'emblée un mouvement automatique établi depuis des mois ou des années, peut l'éliminer assez rapidement, quel qu'il soit. Aussi la première prescription à observer en pareil cas consiste-t-elle à refuser obstinément d'entretenir le moindre doute sur l'issue de la lutte à engager. On ne maîtrise pas immédiatement les impressions de découragement qu'on peut ressentir, mais il faut les considérer comme passagères et se dire qu'un état d'âme combatif leur succédera avant qu'il soit longtemps.

Secondement, s'appuyant sur le désir d'affranchissement qu'on éprouve, utiliser l'élan périodique apporté par le retour de ce désir pour s'imaginer sous une forme concrète, vivante, précise, les avantages qui résulteront de la suppression de l'habitude envisagée. Un fumeur, par exemple, auquel la nicotine occasionne des vertiges, des lourdeurs, de l'atonie mnémonique, des troubles visuels, etc..., passera une heure ou même deux à s'imaginer qu'il se voit, lui-même, devenu un autre homme, n'éprouvant aucune envie de tabac, travaillant l'esprit alerte et le corps dispos, mangeant avec appétit, digérant parfaitement, se sentant d'humeur égale et joyeuse, réussissant dans ses affaires, parvenant à mener à bien une tâche avantageuse, etc., etc. Il imaginera ce qu'il éprouverait si l'usage de la pernicieuse solanée qui lui est chère lui inspirait le plus insurmontable dégoût et même des nausées.

Parallèlement à cette méthode, le « sujet » ne doit pas négliger d'entraîner sa volonté par quelques-uns des exercices déjà décrits : la maîtrise des impulsions par exemple.

Puis il essaiera de diminuer la dose, de réduire la périodicité du besoin, en s'aidant d'une méditation appropriée, analogue à celle décrite ci-avant, ou même du dérivatif fourni par un autre genre de satisfaction.

L'observance de l'hygiène générale et le contrôle du sommeil, desquels nous avons traité dans le présent chapitre contribuent à annihiler le plus grand nombre des habitudes.

Enfin, dans les rares cas où le malade, trop déprimé, ne saurait conduire lui-même sa cure. Il pourra avoir recours à la suggestion hypnotique dont l'efficacité bien connue, a été mise en lumière très remarquablement par les expériences du Docteur Bérillon sur des toxicomanes et des pervertis.

Un parent, un ami, animés du désir d'être utiles peuvent essayer efficacement la méthode suggestive. Ils trouveront dans un de mes précédents ouvrages toutes les indications voulues pour cela[5].

Une mauvaise habitude est généralement facile à prendre. Aussi a-t-on intérêt à éviter soigneusement tout ce qui peut y conduire. Pour s'assurer qu'une fatale tyrannie de ce genre n'est pas en voie de formation, l'examen de soi-même offre la meilleure garantie.

9. Le Calme. — L'irritation, l'énervement, l'agitation, ont les plus pernicieux effets. Ce sont de véritables vampires de notre force nerveuse. Sous leur action le jugement s'altère car le malaise qu'on ne tarde pas à ressentir en pareils états porte à des décisions précipitées. De plus, la volonté ne saurait s'exercer avec ténacité lorsqu'on est en proie, depuis quelques heures, à une certaine fébrilité. Comment conquérir le calme robuste qui résiste aux multiples causes de perturbation ? D'abord en évitant de croire que ces causes se peuvent annuler. La vie des plus favorisés ne sautait être exempte de contrariétés, de déconvenues, de surprises déprimantes. L'homme équilibré leur résiste et leur enlève les trois quarts de leur pouvoir sur ses nerfs en les attendant de pied ferme, en les considérant comme une légion de pygmées au milieu de laquelle il faut évoluer paisiblement. L'acquisition du calme procède donc d'un état d'âme caractérisé par une détermination à ne pas se laisser

5 *Méthode scientifique moderne de Magnétisme, Hypnotisme, Suggestion, Télépsychie, etc.*

affecter par les obstacles et les désagréments. Quand survient l'un de ces derniers, le mieux est de s'interdire toute manifestation extérieure de la première impression qu'il vous produit, — inhibition aisée pour ceux qui ont déjà fait un effort de contrôle sur leurs impulsions d'après les instructions précédentes. L'expérimentation hypnotique montre une étroite corrélation entre l'attitude qu'on s'impose et l'état mental qui s'ensuit. Se dominer, conserver le masque de l'impassibilité tend à entraîner la stabilité psychique. Le premier choc « encaissé » flegmatiquement, on se trouve maître de ses énergies pour s'attaquer à la cause de l'énervement qui nous eût jadis gagné, pour l'interpréter exactement, enfin pour y opposer une action efficace. L'accumulation de la force nerveuse diminue d'ailleurs graduellement la sensibilité aux divers facteurs d'irritation mentale. Mais le spécifique de l'anxiété, de l'angoisse, de la nervosité sous toutes ses formes est la respiration profonde dite *abdomino-costale* qui se pratique avantageusement ainsi qu'il suit. Etendu, la tête au niveau du corps, et après avoir débarrassé le torse de toute compression vestimentaire, aspirer lentement l'air jusqu'à ce que la cage thoracique y compris les sommets pulmonaires se trouve aussi complètement distendue que possible ; secondement, gonfler l'abdomen en faisant passer l'air inspiré dans la région inférieure des poumons. Ce gonflement doit s'exécuter graduellement et s'arrêter lorsque le ventre est bien tendu. On expire alors assez rapidement l'air emmagasiné et on recommence le même exercice deux, trois, dix fois. Certains auteurs l'indiquent inversement, c'est-à-dire prescrivent de commencer par dilater fortement l'abdomen, puis le haut de la poitrine. D'autres recommandent le passage successif, répété deux ou trois fois au cours d'une même inspiration, de l'air des sommets à l'abdomen, puis de l'abdomen aux sommets. Tous ces procédés s'équivalent, car ils remplissent suffisamment leur objectif qui est de diminuer la constriction du plexus solaire connexe à toute émotion.

La pratique journalière de la respiration abdomino-costale, ne serait-ce que pendant quatre à cinq minutes, prévient utilement les états déprimants; appliquée au moment même où l'on se sent contrarié ou angoissé, elle dissipe rapidement le trouble. On l'a utilisée avec succès contre la peur qu'on peut considérer comme la plus déprimante et la plus désagréable des émotions.

Nous avons indiqué que toute idée, surtout longuement maintenue dans le champ de la conscience, tend il se réaliser. Aussi, lorsqu'on cherche à recouvrer ou à maintenir sa sérénité notamment au moyen du procédé respiratoire précédent, trouvera-t-on une aide considérable en se répétant plusieurs fois une affirmation telle que: « *Je suis calme, tranquille, imperturbable* », ou: « *Ma volonté est forte: je résiste calmement à ce désagrément* », ou encore: « *Je ne veux pas permettre que ceci m'affecte, en aucune façon* ». La formule importe peu pourvu qu'elle soit claire et positive. Il est bon de la faire suivre d'un raisonnement rigoureux. Examiner par exemple la cause de la pénible impression nerveuse qu'on éprouve, se demander ce qu'on y peut opposer, décider de le faire et, si on se trouve désarmé, la considérer froidement, se dire qu'on s'y soustrait en refusant de s'y arrêter, puis reporter ses pensées vers un autre sujet.

« Avez-vous déjà assisté », avons-nous écrit dans un précédent ouvrage, « au réconfortant spectacle que donne « un businessman entraîné, au moment où son secrétaire, « un correspondant, un coup de téléphone vient lui ap- « prendre qu'une tuile lui survient, qu'il vient d'être battu « par un concurrent, qu'un sinistre s'est déclaré dans ses « usines ou ses entrepôts ? Il ne s'agite pas. Il semble à peine « ému. Posément il va au fait, indique les mesures à prendre « pour y pallier, pour réduire ses conséquences au minimum. « Pendant un instant toutes ses facultés semblent concen- « trées sur la fâcheuse nouvelle. Dès qu'il a mis en œuvre « tous les moyens dont il dispose contre l'obstacle, il revient « au sujet qui l'occupait avant et il parait si calme qu'on le « croirait presque indifférent. »

Comme pour conserver son calme devant une perte matérielle, l'usage de la respiration profonde est souverain quand il s'agit d'annuler l'effet déprimant de quelque préoccupation émotionnelle. Deux ou trois essais en convaincront ceux qui ont l'inquiétude facile et qui se sentent fréquemment angoissés devant toutes les possibilités d'insuccès, de maladie, de déception de chagrin, dont s'obsède leur imagination. Adjoignant à la pratique régularisante en question l'habitude de raisonner ses impressions, on découvre que bon nombre de tracas ont fort peu de fondement, on se rend compte de l'inutilité de la plupart d'entre eux et on se sent chaque jour moins aisément accessible à leur action.

Qu'il y ait lieu ou non de se tourmenter, conservons notre calme afin que toute l'énergie mentale dont nous disposons demeure à la disposition de nos facultés agissantes. Un effort de volonté, à moins que celle-ci soit déjà très puissante, ne suffit pas toujours à réprimer l'émotivité au moment môme où on se trouve affecté. C'est pourquoi ceux qui cherchent à instaurer en eux une quiétude continue doivent, avant tout, tâcher d'observer le mieux possible les indications données dans le chapitre précédent et dans les premiers paragraphes de celui-ci afin de fortifier leur énergie psychique.

Lorsqu'une tentative de maîtrise de soi n'obtient pas entièrement le succès, elle n'en constitue pas moins par elle-même un résultat, car elle facilite la suivante et contribue à créer l'habitude de résister.

Il vient un moment où tous les efforts épars — et insuffisants — qu'on a effectués déterminent un progrès d'ensemble très sensible. L'exemple de la goutte d'eau qui finit par creuser une cavité dans la pierre s'applique parfaitement au développement de la volonté. Si faibles que soient les réactions auxquelles on s'évertue, si insignifiants que soient leurs effets immédiats considérés séparément, elles modifient lentement mais sûrement la mentalité et aboutissent tôt ou tard à la formation d'un caractère tel que celui qu'on préférerait posséder.

CHAPITRE III

COMMENT ACQUÉRIR UNE PARFAITE ASSURANCE

1. POUR SE SENTIR À L'AISE DEVANT QUI QUE CE SOIT. — 2. CULTURE ET EMPLOI DU REGARD. — 3. CULTURE ET EMPLOI DE LA PAROLE. — 4. DE L'ATTITUDE. — 5. L'ART DE PERSUADER. — 6. LA PRÉPARATION D'UNE ENTREVUE DIFFICILE. — 7. L'OBSERVATION DES CARACTÈRES. — 8. NE PAS SE LAISSER DÉCONCERTER. — 9. L'ENTRAÎNEMENT DE L'ASSURANCE.

1. — Pour se sentir à l'aise devant qui que ce soit. — Parmi les individus réputés pour leur assurance, on distingue, en observant, deux catégories. Les uns, généralement robustes au physique et peu cultivés au moral, ont un aplomb inconscient, massif; les autres qui semblent, au contraire, posséder une confiance raisonnée en eux-mêmes, s'en servent avec à propos et discernement. Nous croyons préférable à la timidité et à l'indécision le caractère des premiers toujours inné. — Mais l'imperturbabilité raisonnée — acquise lui reste naturellement supérieure.

L'homme le plus craintif qui soit, s'il envie d'arriver à se sentir aussi à l'aise devant un grand personnage qu'en présence de ses familiers recèle déjà en lui-même, à l'état latent, la force mental nécessaire pour cela. Nous allons montrer, dans ce chapitre, comment transformer en réalité l'idée d'assurance.

Tout d'abord, il faut tenir compte de ce que la base de cette qualité réside dans l'équilibre physiologique. C'est pourquoi le timide qui observera les principes indiqués au chapitre II pour la régularisation organique, se sentira peu à peu, par cette seule pratique, devenir moins influençable par les autres. Le contrôle des impulsions émotionnelles et sensorielles contribue également à aguerrir le moral. Enfin, la culture d'un regard assuré, d'une parole souple et nette, d'une attitude énergique qu'on s'entraînera journellement à s'imposer développera très rapidement cet état de stabilité psychique qui demeure indéfectible devant qui que ce soit.

2. Culture et emploi du regard. — Exercice n° 1: Placez-vous devant un miroir et dirigez votre regard sur votre propre image réfléchie dans la glace. Fixez le point situé entre vos yeux, à la racine du nez. Faites un effort pour garder les paupières immobiles et pour ne pas discontinuer votre fixité pendant trente secondes. Puis, reposez-vous trente secondes. Reprenez ensuite la fixation durant une minute et reposez-vous une minute. Recommencez deux minutes et arrêtez un temps égal. En vous exerçant ainsi graduellement à fixer un point sans bouger les paupières durant deux, trois, quatre, cinq, dix minutes vous arriverez promptement à le faire sans difficulté ni fatigue et le but de ce premier exercice sera atteint. Vous verrez plus loin quelle est son utilité.

Exercice n° 2: Placez-vous devant une surface noire ou du moins sombre, foncée. Comme dans l'exercice précédent, tenez vos yeux fixes et ouverts sans remuer les paupières. Mais, de plus, tâchez d'ouvrir vos yeux un peu plus grandement que d'habitude, et efforcez-vous de tenir le contour de vos yeux légèrement dilaté. Cet exercice peut-être considéré comme maîtrisé lorsqu'on arrive à l'exécuter durant dix minutes sans effort.

Exercice n° 3: Efforcez-vous de lire chaque jour une page d'un livre sans cligner de l'œil: cela entretiendra en bonne forme la faculté de fixation développée par les deux exercices précédents.

Ces exercices rendent les yeux intensément expressifs, fascinateurs, clairs, brillants, juvéniles et ils agrandissent le contour des paupières. Un regard développé suivant nos instructions impressionne et captive par lui-même. De plus il exerce une puissante influence de suggestion dominatrice qu'il faut utiliser de la manière suivante: Dès que vous abordez une personne et chaque fois qu'au cours de la conversation vous reprenez la parole, regardez votre interlocuteur fixement à la racine du nez entre les deux yeux. Pour être fixe votre regard doit rester calme et doux. Il doit exprimer une courtoise autorité. Tout le temps que vous parlez à quelqu'un, regardez-le ainsi.

Lorsque vous écoutez parler, par exemple quand on répond à ce que vous venez de dire, cessez de fixer le point indiqué plus haut et déplacez légèrement votre regard vers la droite ou la gauche de ce point, comme pour écouter plus attentivement. Lorsque vous reprenez la parole dirigez à nouveau votre regard à la racine du nez de la personne à qui vous vous adressez. Servez-vous de ce procédé toutes les fois que vous voulez faire impression. Combiné avec l'action de la voix émotive, telle que nous vous l'enseignons ci-après, vous constaterez combien augmente la considération avec laquelle vos paroles sont écoutées.

3. Culture et emploi de la voix. — Exercice n° 1: Le timbre de la voix, sa sonorité, impressionne émotionnellement les gens lorsqu'on a acquis, par les exercices qui vont suivre la plénitude de cette sonorité. Bien timbrée, votre voix vous permet d'émouvoir profondément les cœurs les plus insensibles. Le premier exercice (qui suffirait à lui seul pour obtenir un résultat) consiste à chanter « la bouche fermée ». Il peut aisément être pratiqué chaque matin en s'habillant.

Exercice ne 2: Lisez une demi page d'un livre en prolongeant et en détachant chaque syllabe. Par exemple : Les-è-è-è-è — fêêêê — teeeees — deeeee — laaaaa — viiiiic — toioioioi — reeeee — onhonhonhon — (t') eu-uuuu — liiiii — eu-eueueu — ààààà — Paaaaa — riiiiis..., etc.

Exercice n° 3: Si la sonorité du timbre détermine l'émotion, la netteté de l'articulation frappe l'esprit et donne à la parole le pouvoir de rendre passifs les cerveaux auxquels elle s'adresse. Pour avoir une parole nette prenez un livre et lisez à haute voix en vous exerçant : 1° à séparer les syllabes des mots que vous prononcez ; 2° à articuler chaque consonne comme si elle était triple. Exemple : « Llles — fffê tttes ddde — llla — vvvicttoi — rrre — ont — (ttt') eu — llli — eu à — Pppa — rrris...

Exercice n° 3 bis : Recommencez le précédent, mais en lisant de plus en plus vite sans manquer de tripler les consonnes et de marquer un petit temps d'arrêt entre les syllabes.

Ces exercices développent rapidement le pouvoir de « suggestion verbale » : Ils rendent la voix agréablement pénétrante et la parole très persuasive. Ce que vous direz se gravera dans l'esprit des gens, s'incrustera dans leur mémoire, et leur reviendra ensuite à l'idée plusieurs fois par jour. Il leur sera impossible de rejeter entièrement vos affirmations, de rester absolument insensibles à ce que vous leur direz. En réitérant vos paroles vous les imposerez graduellement et ceci d'autant plus vite que vous tiendrez mieux compte des pratiques de la persuasion exposées plus loin.

En parlant, il faut demeurer calme et ne pas perdre de vue un seul instant le but final de vos paroles, c'est-à-dire l'effet que vous désireriez qu'elles obtiennent sur l'esprit de votre interlocuteur. Bannissez les éclats de voix, les modulations et surtout la précipitation : prenez le temps de prononcer nettement chaque syllabe. L'accent le plus persuasif que vous puissiez prendre est le ton calmement indiscutable, courtoisement affirmatif, de la personne absolument pénétrée de ce qu'elle dit. Il faut qu'on vous écoute, qu'on entende distinctement ce que vous dites et qu'on ne puisse trouver dans vos paroles un élément capable de les faire rejeter. Aussi les expressions discourtoises, aigres, impatientes, violentes, etc., ont-elles toujours un effet opposé à celui qu'on désirerait. De même, il faut éviter de créer de l'irritation, ce qui tend à se produire lorsqu'on interrompt les réponses qu'on vous adresse ou lorsqu'on se laisse aller pendant qu'on écoute à des exclamations. Ecoutez avec un visage calme et impassible. Attendez qu'on ait terminé ce qu'on a à vous dire. Puis, répondez d'une voix assurée, en vous servant du regard fixe central tel qu'il est décrit précédemment. Si la fin de l'entrevue arrive sans que votre avis ait prévalu, sans que votre interlocuteur ait adhéré à ce que vous voulez, ne montrez nulle nervosité : la partie n'est pas finie. Ce que vous direz restera incrusté dans la mentalité intéressée. Après l'entrevue l'esprit de votre auditeur en sera préoccupé malgré lui et si vous suivez bien nos indications vous arriverez inévitablement à le convaincre.

4. De l'attitude. — Votre attitude générale peut contribuer à vous donner de l'assurance ou à vous en retirer suivant que vous vous dominez ou non. Nous vous recommandons tout d'abord de supprimer de vos manières tous les gestes et mouvements impulsifs, brusques, nerveux auxquels nous sommes tous portés.

Il faut aussi modérer tous les mouvements d'expression et ne donner que des marques légères d'émotion, de surprise, de gaîté, etc.

Evitez de sursauter à l'occasion de la chute d'un objet, d'un coup de sonnette brusque, etc., ou de vous exclamer. Se permettre des exclamations (quel qu'en soit le motif) est d'une répulsive vulgarité. Il faut absolument s'interdire cela.

Tout geste désordonné enlève du charme, de même que toute marque d'agitation. Il existe des personnes expansives et impulsives qu'on dit très plaisantes et qui en fait obtiennent aisément l'attention mais elles ne gardent jamais longtemps leur prestige car elles ne produisent que des impressions très superficielles.

Vos traits doivent demeurer sous le contrôle de votre pensée de manière à supprimer tout mouvement involontaire des muscles du visage. Regardez- vous dans un miroir. Pensez successivement à des choses gaies, tristes, répulsives, effrayantes, etc., sans permettre à votre physionomie de se contracter, en restant impassible. Cet exercice vous facilitera la maîtrise de vous-même en présence des autres. Vous ne subirez bientôt plus l'influence de ce qu'on vous dira. Votre masque ne reflétera pas vos émotions intérieures. Ceci inspirera à vos familiers et à toute personne avec laquelle vous aurez affaire un sentiment de considération, une impression de supériorité. Votre attitude en imposera.

D'autre part en vous conformant à ce qui précède vous éviterez ces tressaillements involontaires qui rompent le charme quand ils sont disgracieux.

5. L'art de persuader: ses premiers principes. — Persuader c'est faire naître dans l'esprit d'un individu les idées, les sentiments, les incitations que vous désireriez lui voir accepter. Chacun s'efforce, dans la vie, de se servir de la persuasion. Nous allons vous indiquer les principes les plus efficaces pour influencer les gens par la parole. Le fait de procéder suivant des règles exactes vous confère une supériorité évidente sur tous ceux qui les ignorent. En présence de quelqu'un que vous cherchez à « suggestionner » vous le rendrez réceptif : 1° En évitant tout ce qui pourrait faire naître chez lui une disposition à rejeter vos suggestions ; 2° En prédisposant son esprit à subir l'influence que vous voudriez que vos paroles exerçassent.

Pour cela il faut donc éviter de produire la moindre impression désagréable, irritante, ennuyeuse ou répulsive car cette faute déterminerait une sorte de ressentiment portant votre interlocuteur à repousser les impulsions que vous cherchez à lui donner. Obséder quelqu'un par des objurgations justes ou non, manifester de l'emportement, prendre le ton du défi, employer des paroles blessantes ou se répandre en lamentations c'est rendre impossible l'influence persuasive. Manifester impérieusement ou même clairement ce qu'on désire c'est mettre la mentalité à laquelle on s'adresse sur la défensive et l'inciter à se dérober.

Ne contrecarrez jamais catégoriquement aucune affirmation. Accueillez ce qu'on vous dit avec calme. N'ayez pas l'air d'avoir déjà une opinion contraire. Exprimez tranquillement et courtoisement s'il y a lieu des idées antagonistes de celles qu'on vient d'émettre et n'insistez jamais. Laissez la conversation suivre son cours et revenez ensuite sur le point contradictoire.

Si les agissements d'une personne vous mécontentent, ne le manifestez pas extérieurement par d'autres moyens que des paroles pleines de mesure et de dignité. Ne soyez pas à un jour près pour gagner la partie. N'exposez pas vos griefs. Ne semblez pas subir une très profonde répercussion de la manière avec laquelle on agit envers vous. Gardez l'attitude de la personne qui est sûre d'obtenir ce qu'elle veut et qui n'est pas pressée précisément parce qu'elle se sent certaine de l'obtenir. Vous pouvez, le cas échéant, exprimer vos constatations sur les actes dont il vous conviendrait d'éviter le retour mais énumérez seulement des faits, ne les commentez pas, ne prononcez pas de jugement. De cette manière vous troublerez très profondément votre interlocuteur. Or, créer un trouble facilite la persuasion.

Si vous observez les paragraphes 2 et 3 vous userez d'un sérieux avantage pour obtenir la réceptivité, pour prédisposer les gens à subir l'ascendant de votre parole. Quelle que soit la chose dont vous tentiez de convaincre quelqu'un, le mieux est de ne pas lui laisser voir votre objectif exact. Pendant que vous manœuvrez en vue de déterminer une personne à agir dans un sens déterminé évitez donc qu'elle s'aperçoive de l'importance que vous attachez à ce qu'elle décidera. Parlez de manière à éveiller en elle les dispositions susceptibles de l'amener à vous donner satisfaction. Adressez-vous avec discernement à son intellectualité, à ses sentiments ou à son intérêt. Faites naître des impressions favorables à votre but. Amenez-la à admettre que ce qu'il vous plairait qu'elle fasse est conforme avec son propre idéal. Surtout prenez une manière détournée de lui affirmer cela : évitez toute allusion directe puisque vous devez masquer soigneusement votre jeu.

Une affirmation réitérée un certain nombre de fois en tendra compte des principes énumérés plus haut, c'est-à-dire en veillant à ne pas déclancher la méfiance ou l'irritation est une puissance à laquelle nul ne résiste plus d'un temps limité. Ayez de la persévérance. Le changement intérieur précède celui de la manière d'agir. Soyez certain que votre influence verbale a son effet chaque fois que vous l'employez conformément aux directives ci-dessus. D'ailleurs nous sommes déjà fixé sur ce que peuvent obtenir les personnes qui suivent la présente méthode : leur succès ne se fait jamais longuement attendre. Au cours de la vie quotidienne l'application d'un regard cultivé, d'une parole assouplie et bien conduite, d'un contrôle parfait de l'attitude et des principes de la persuasion développe l'assurance avec une prodigieuse rapidité.

6. La préparation d'une entrevue difficile. — Lorsqu'on a acquis une certaine assurance dans les circonstances ordinaires de la vie, il peut néanmoins arriver qu'on soit plus ou moins intimidé par la perspective d'une entrevue avec une tierce personne, soit que celle-ci paraisse difficile à aborder, soit que la nature de l'entretien projeté semble particulièrement délicate. En pareil cas, voici un procédé éprouvé pour se préparer à parler calmement.

Après avoir soigneusement médité sur le sujet de la conversation, de l'audience prochaine en se pénétrant du désir de réussir à exercer la meilleure impression possible, à obtenir gain de cause, à influer profondément sur la personne à laquelle on doit parler, tâcher de prévoir quelle pourra être son attitude, ses objections, ses apostrophes, son emportement, etc., etc. S'imaginer qu'on se trouve déjà en sa présence et qu'on affronte carrément la difficulté prévue.

Parler à haute voix, posément, en se figurant entendre l'invisible auditeur vous répondre. Répliquer en s'inspirant des idées qu'on aura noté dans sa mémoire durant la méditation initiale. Débiter clairement la thèse qu'on devra soutenir, d'un ton positif, assuré, sans précipitation ni hésitation.

Cette espèce de « répétition », surtout si on la réitère plusieurs fois, dissipe le malaise caractéristique de la timidité. Lorsqu'arrive le moment de l'entrevue réelle, l'impression redoutée ne s'exerce plus que d'une manière insignifiante et on dispose d'une liberté mentale suffisante pour agir efficacement dans le sens voulu.

7. L'observation des caractères. — Les manifestations extérieures de la volonté par le regard, la parole et le geste n'affectent pas semblablement tous les individus. C'est pourquoi il y a lieu de s'exercer à discerner les généralités du caractère de chacun de manière à adapter à chaque cas les méthodes générales déjà indiquées. Dans un prochain ouvrage nous traiterons spécialement des signes révélateurs de la personnalité. Ici, nous ne voulons qu'inciter le lecteur à observer ceux qu'il cherchera à influencer pour tâcher de découvrir leurs points accessibles. Un habile escrimeur, au début d'un assaut, conserve la défensive et laisse son adversaire dévoiler sa tactique, son « jeu ». C'est seulement après avoir ainsi analysé la valeur de ce dernier que l'avisé combattant commence réellement à porter des coups. Lorsqu'on entre en relations, qu'on commence un entretien, qu'on aborde un débat, on amène presque toujours son interlocuteur à révéler sur lui-même sur ce qui lui importe, sur ses directives des indications, fort précieuses en lui adressant quelques paroles n'ayant pas directement trait à l'affaire en question mais de nature à le rendre expansif.

Pendant qu'il parle, on met au point les suggestions qu'on se proposait d'utiliser. Bien souvent en écoutant « l'autre » vous sentirez que tel ou tel argument que vous auriez employé aurait eu un effet malencontreux et qu'au contraire tel autre auquel vous n'aviez pas songé se trouve indiqué paf l'interlocuteur lui-même,

Vous aurez toujours avantage à vous rendre compte des idées générales de tout individu avec qui vous avez affaire. Chacun se ferme sur la vie, la politique, les questions professionnelles, les sciences, les arts, les hommes et les faits du jour, une opinion plus ou moins arrêtée. Le commun des mortels se laisse facilement aller à exprimer sa manière de voir dans tel ou tel domaine. Savoir déclancher cette tendance constitue une force dont il faut tirer parti. L'avis d'un tiers sur un sujet quelconque, mais dont l'appréciation n'exige pas de connaissances spéciales, suffit presque toujours à fournir de précieuses indications sur sa mentalité. Nous avons vu à propos de l'expansivité, que parler avec animation impulsive diminue la réserve de force nerveuse. En amenant les autres à se dépenser ainsi, tandis que vous les écoutez avec l'apparence de l'intérêt, non seulement vous vous renseignez sur leur étiage mais vous diminuez la résistance qu'ils sont susceptibles d'opposer à vos moyens de persuasion.

8. Ne pas se laisser déconcerter. — On rencontre partout des individualités dont la silhouette, les manières, le verbe, semblent habilement réglés afin d'« en imposer ». Derrière ces façades superbes se trouve parfois une réelle énergie dominatrice mais plus fréquemment ces masques impressionnants dissimulent une insigne faiblesse. S'il s'agit d'un « homme fort » montrez-vous hardi sans impudence et très déterminé : il vous appréciera. Dans le cas contraire ne manifestez pas plus d'hésitation et demeurez impassible devant tous les procédés mis en œuvre pour vous influencer : vous verrez votre interlocuteur perdre pied, se troubler, dérouté qu'il sera de se trouver en face de quelqu'un sur qui il n'a aucun effet.

Si les intentions que vous découvrez à une personne apparaissent très différentes ou même inverses de celles que vous escomptiez ; si elle manifeste quelque élément imprévu entraînant l'effondrement de ce que vous aviez combiné, dominez-vous, ne trahissez pas vos impressions et cherchez sans perdre de temps, comment obtenir malgré tout ce que vous aviez en vue.

Examinez à deux fois un argument qu'on vous oppose quand il vous parait décisif: neuf fois sur dix on l'exagère pour vous amener à céder.

Devant une difficulté, ou une résistance persistante, ne vous laissez pas trop aisément gagner par la conviction qu'il faut vous incliner : Persistez.

La culture du calme, du flegme, de l'impassibilité extérieure aide puissamment à résister aux différentes impressions susceptibles de fléchir les déterminations primitives.

Dans diverses professions telles que celles de courtier, reporter, représentant — et en général chaque fois qu'il s'agit d'entraîner l'acquiescement d'un tiers — la persistance vaut de l'or. La conclusion de la plupart des affaires ne va pas sans une sorte de lutte soutenue contre l'indécision, le doute, l'inertie du client. Si ce dernier affecte par ses réparties le solliciteur, c'est que celui-ci manque de stabilité mentale. Son rôle est de conserver intacte l'intention ferme de faire prévaloir son avis et d'amener l'individu auquel il s'adresse à se décider positivement. La brusquerie, la discourtoisie, l'apparente indifférence ne déconcertent pas une seconde celui qui a développé sa volonté : il s'attend à rencontrer de semblables obstacles. Il sait exactement comment les résoudre. Il semble s'incliner en souriant, parle un instant d'autre chose que de la question qui l'intéresse et il y revient habilement, indirectement. Il s'adapte au caractère de son interlocuteur et s'il s'y heurte en quelque point, il s'efface pour revenir à la charge vers un autre.

En vous pénétrant bien de l'idée que vous cherchez à imposer vous conserverez, devant les plus fuyants, les plus rébarbatifs, les plus inabordables l'impulsion primitive, la volonté indéfectible d'obtenir satisfaction. Au moment d'entamer la conversation, concentrez vos facultés sur l'unique objectif de réussir. Quoi qu'on vous oppose, gardez un masque avenant. Plus la répartie qu'on vous adresse s'entache d'impatience, de nonchalance, d'incompréhension, plus modérées doivent se formuler les premières paroles par lesquelles vous y répondrez. Ensuite vous avez tout le temps de présenter coup sur coup un certain nombre de considérations de nature à ébranler l'attitude de votre interlocuteur.

Dans la vie intime, comme dans les affaires, on a fréquemment à user d'une persistance diplomatique afin de triompher des états d'âme que nous désirons transformer chez ceux qui nous entourent. Suivant les principes de la persuasion, ce n'est pas en discutant âprement, en usant de sarcasme ou d'accents impérieux qu'on y parvient le mieux, mais en paraissant tout d'abord examiner attentivement, comme pour rectifier son propre jugement, les propositions qu'on entend émettre. Après avoir ainsi créé la réceptivité, on modifie peu à peu les dispositions mentales de la personne à qui l'on parle en exposant paisiblement une manière de voir autre que la sienne, sans omettre d'en faire valoir les avantages.

Mais il ne faut pas repousser nettement ce qu'on vous affirme ou ce qu'on vous propose car cela ferait naître l'entêtement, l'irritation, la détermination irraisonnée à vous résister malgré tout.

En revenant doucement plusieurs fois sur le même sujet sans jamais laisser supposer qu'on a l'intention d'imposer quoi que ce soit, on amène les plus butés à réfléchir et à décider dans le sens qu'on souhaite.

9. L'entraînement de l'assurance. — La timidité parait presque normale chez les adolescents. Elle disparaît assez rapidement au bout de quelques années de contact journalier avec les autres. Le caractère s'aguerrit et après un certain temps de « struggle for life » le jeune homme rougissant et gauche d'antan devient hardi et désinvolte.

On voit néanmoins fréquemment des hommes d'âge mur, compétents dans leur profession, cultivés, énergiques, même, à certains points de vue, mais incapable de se défendre d'un sentiment de gène qui les paralyse dès qu'ils abordent un milieu avec lequel ils ne sont pas familiarisés.

D'autre part, l'assurance du plus grand nombre d'entre nous ayant été développée seulement pour un certain nombre de circonstances que la vie nous a créées, diminue plus ou moins dans les cas exceptionnel.

Tout effort en vue de se dominer et d'*agir quand même* à un moment où l'on éprouve l'impression de *ne pas oser* augmente et la volonté et l'audace. Chacun devrait noter le genre de démarches qu'il lui est le plus pénible d'effectuer, la catégorie de personnes auprès desquelles il éprouve le plus d'embarras, les incidents qui, s'ils lui survenaient, lui causeraient le plus de confusion et se faire un sport d'affronter chaque genre de ces difficultés.

Il existe d'ailleurs différents exercices propres à développer unilatéralement l'aplomb. Par exemple la parole en public lorsque l'occasion s'en présente, la pratique des expériences élémentaires d'hypnotisme à l'état de veille, sur des individus quelconques, les démarches auprès de personnages importants, ou même la sollicitation des gens du commun des mortels pour les affaires, pour une œuvre, une doctrine, etc., etc.

Ceux qui en possession des instructions contenues dans les trois premiers chapitres de ce livre ne parviendraient pas à surmonter leur timidité ne doivent pas se décourager. En leur appliquant les procédés de la rééducation psychologique directe, un spécialiste qualifié peut les aider à acquérir l'aisance qui leur fait défaut.

Sous l'effet de dispositions morbides tenant principalement à l'hérédité, bon nombre de personnes des deux sexes intelligentes et cultivées souffrent d'une pusillanimité réellement maladive que leurs ressources énergétiques demeurent parfois insuffisantes à enrayer malgré des efforts réitérés. Même parmi les normaux, l'auto-suggestion de la crainte, l'appréhension de l'échec, la notion de l'importance pour eux, à un instant déterminé, du maximum de leur talent, de leur présence d'esprit, suffisent à faire naître et à perpétuer de véritables crises d'angoisse. Le trac des chanteurs, des musiciens, des artistes dramatiques en est l'exemple le plus frappant.

Les conseils et l'influence personnelle d'un médecin compétent, d'un psychologue, d'un hypnotiste paraissent indispensables dans le plus grand nombre des cas précédents.

Répétons, en terminant ce chapitre, que la moindre tentative facilite toujours la suivante. Nous avons vu des gens timides au point de se laisser fréquemment contraindre à méconnaître leur intérêt parce qu'ils n'osaient pas dire « non », se ressaisir et arriver, en quelques semaines, par l'application des données ci-dessus à acquérir une entière liberté de parole et d'action dans les cas les plus difficiles.

CHAPITRE IV

COMMENT ORGANISER SON DESTIN

1. La volonté, le caractère et la destinée. — L'enchaînement d'un certain nombre de causalités, trop multiples pour pie nous en prenions Intégralement conscience prédestine chacun de nous plus ou moins avantageusement. Malgré ce que nous voudrions être, connaître, posséder, obtenir, nous nous trouvons limités et contrariés. Nos facultés, aptitudes, tendances, notre puissance de travail, les moyens matériels que le sort nous a départi, le milieu où nous nous trouvons placés sont autant d'éléments favorables ou d'obstacles à notre objectif. A la destinée que nous désirerions s'oppose celle que nos conditionnements primitifs nous imposent.

Plus ou moins bien armés pour réagir, nous nous voyons situés dans des circonstances à la création desquelles notre volonté n'a eu aucune part et dont l'emprise paraît à la majorité d'entre nous tellement impérative qu'ils croient faire acte de saine raison en les subissant passivement.

Considérons un certain nombre d'individus. L'un issu d'une famille modeste vient au monde doué d'une aptitude qui se développe sans peine appréciable et lui assure, en retour de l'utilité ou de l'agrément dont elle est à ses concitoyens une rétribution lucrative, parfois aussi la popularité et la gloire ; l'autre, quoique possédant aussi à l'état latent un talent appréciable mais dont la mise en valeur demanderait quelques années d'une culture spéciale, manque du temps et des ressources nécessaires pour cela et il végète toute sa vie ; un troisième déterminé à une existence médiocre par son organisation moyenne, souffre néanmoins du contraste de son atmosphère de monotonie avec le spectacle des carrières brillantes ; un quatrième supérieurement qualifié, subit la perpétuelle entrave d'un état psychique maladif. Plus généralement au moment où l'on commence à penser par soi-même, à concevoir la dualité des élans du moi, avec la contrainte du non-moi et de l'impulsion antérieure à l'éveil de la personnalité, un désir de triple modification se manifeste dans lest profondeurs de l'être intime : aspiration au mieux-être, à l'ambiance harmonique, à la connaissance plus étendue.

La volonté de l'individu enserré dans la trame de sa destinée radicale brisera celle-ci à condition de s'exercer suivant une norme dont cet ouvrage a pour objet d'indiquer les directives. Avant tout, il convient de considérer l'effort comme la plus sûre et la plus indispensable des armes et de bien se persuader que le premier pas vers la transformation du destin se doit effectuer en travaillant à se modifier soi-même. « Les événements de la vie, dit Emerson poussent sur la même tige que le caractère ». Nous avons tenté en ce qui précède de montrer la possibilité de se gouverner, de développer ses activités utiles, d'assouplir l'impulsivité — résultante d'atavisme, d'éducation et d'empreinte des circonstances premières. — Nous supposons le lecteur suffisamment entraîné dans cette voie : il ne saurait appliquer ce qui va suivre sans, s'être déjà évertué dans une certaine mesure à se rendre maître de sa personnalité.

2. La santé. — L'efficacité de l'action personnelle sur la destinée se mesure à l'intensité et à l'habileté de l'effort dont on est capable, lequel s'accomplit insuffisamment si la santé physique laisse à désirer. Ainsi, l'homme qui veut réussir s'appliquera avant tout à observer les conditions nécessaires à l'équilibre organique. Au chapitre II nous avons entamé cet important sujet et nous affirmons notre conviction expérimentale du résultat des prescriptions qu'on y a lues. Ceux donc, dont l'état général s'afflige seulement de malaises, d'une certaine faiblesse, de dépressions périodiques, doivent revenir au passage précédent cité et y porter la plus scrupuleuse attention : en quelques semaines ils observeront une régularisation appréciable de leurs fonctions. En continuant à se conformer aux règles énoncées, ils augmenteront leur robustesse. L'âge ne diminuera pas cette dernière et lorsque la sénilité normale les atteindra, leurs facultés n'en subiront pas une dépréciation notable. Les docteurs Geley, Michaud, Sartory, de Sermyn, Metchnikoff et d'autres autorités scientifiques ont montré — par des exemples notoires — que l'extrême vieillesse laisse subsister intacte et même augmentée l'intelligence de ceux qui évitent l'intoxication.

Malheureusement, l'enfant apporte souvent en naissant une ou plusieurs tares physiologiques impédimentant sa vie d'un bout à l'autre. Comme d'autre part l'organisme réagit spontanément contre tout déséquilibre si l'on favorise par une hygiène bien comprise cette puissance auto-curative, la plupart des malades demeurent guérissables. De pitoyables errements, indignes de notre siècle si orgueilleux de ses lumières, induisent la majorité de ceux qui souffrent à agir d'une manière qui perpétue leur état alors qu'ils s'imaginent l'améliorer. Nous nous adressons ici aux lecteurs maltraités par l'atavisme et désireux d'éliminer l'élément interne qui entrave leur volonté.

Les médicaments chimiques s'adressent aux *effets* des lésions ou des troubles, les enrayent parfois pour un temps, mais ne remédient en rien à leurs *causes*. De plus s'ils soulagent momentanément, leur ingestion génère de nouvelles altérations.

C'est vers les méthodes naturistes dont l'objet consiste à relever le tonus vital et à assurer ainsi l'énergie nécessaire au pouvoir auto-réactif dont nous parlions plus haut qu'il convient de s'adresser : Alimentation rationnelle, utilisation des propriétés des végétaux, cures d'air, mécanothérapie, magnétisme, tels sont les seuls véritables rénovateurs des débiles, des tarés, des surmenés, et les plus rapides modificateurs de toute perturbation fonctionnelle.

Au chapitre suivant, nous montrerons comment la volonté s'exerce directement sur les tissus, sur chaque organe et sur la fonction propre à chacun.

Aucun malade ne doit se considérer comme incurable. Nous sommes certains d'en étonner bon nombre en leur disant que le meilleur médecin qu'ils puissent avoir n'est autre qu'eux-mêmes. Les symptômes qu'ils éprouvent leur fournissent de suffisantes indications pour bien comprendre leur cas en l'étudiant dans un traité de pathologie. En se soumettant au régime alimentaire convenable, chacun peut favoriser puissamment son retour à la santé. Indirectement ici la volonté apparaît le premier facteur de la guérison car il faut de la suite dans les idées et de la fermeté pour se garder d'absorber aucune des substances contre-indiquées. Les spécialités pharmaceutiques dont les réclames flamboient aux quatrièmes pages des grands quotidiens doivent leurs succès pour une large part à la mollesse des malades escomptant leur délivrance d'une médication les dispensant de discipline gastronomique. Nous avons la conviction que les cures attribuées au contenu de ces flacons multicolores qu'on paie au poids de l'or s'expliquent surtout par la foi c'est-à-dire par l'auto-suggestion.

A chaque maladie correspond non seulement un régime spécial, mais une hygiène particulière où interviennent divers moyens propres à favoriser le fonctionnement du ou des organes intéressés. Enrichir le sang en lui donnant un élément de formation hypotoxique, stimuler ou modérer telle ou telle fonction, au moyen de réactions aèro, hydro, mécano, magnéto, thérapiques, maintenir ferme et continu le désir et l'espoir de guérir tels sont à notre avis les véritables remèdes. Ils ne décevront aucun de ceux qui en feront l'essai loyal.

3. Plan d'action modificatrice du destin. — La vie des hommes arrivés par leurs propres moyens là où ils voulaient, montre que la dominante de leur caractère est la continuité d'un même état d'âme directif auquel ils ont dès le début de leur vie subordonné toutes leurs autres aspirations. Ce que ces hommes ont accompli semble fabuleux. Et cependant leur activité fut plus uniforme, méthodique, judicieuse, qu'intensive. Leur effort journalier, tel qu'il l'ont défini eux-mêmes à leurs historiographes n'apparaît pas démesuré, fébrile, écrasant, comme d'aucuns l'imaginent, mais réglé, calme, habilement réparti.

Il serait inexact de prétendre que tout individu résolu à cultiver la régularité dans le travail deviendra quelque jour l'égal des types prédestinés auxquels nous faisons allusion, des commerçants tels que Ruel ou Boucicaut, des industriels de grande race comme Carnegie ou Rockefeller, des artistes, littérateurs, médecins, soldats illustres dont le nom a parcouru le globe. Mais ce qui reste évident c'est qu'un homme si modestement conditionné et si mal avantagé qu'il soit par son hérédité et les circonstances, obtiendra le maximum de ce que permettent ses qualifications s'il tient compte d'un plan conçu suivant une orientation fixe, en vue de modifier son destin original et de l'amener peu à peu à coïncider avec son idéal.

Les romantiques déplorent amèrement le contraste du génial poète souffrant de la faim, en haillons dans quelque glaciale mansarde et du boutiquier borné, quiet, repu. Le premier ne saurait produire régulièrement comme le second : la différence de l'inégalité de leur vie matérielle n'a pas d'autre cause. L'artiste devrait être dégagé du souci mercantile.

Entre ces deux extrêmes on peut encore considérer l'exemple continuellement renouvelé d'individus qui végètent quoique pourvus de réels talents parce qu'ils ne s'exploitent pas avec une rectitude continue et d'autres très ordinaires en tout, mais qui avec le temps s'organisent une situation enviable, à force de régulière activité.

Certainement, il ne manque pas de personnalités assez splendidement dotées par leur innéité pour réussir en se jouant, sans peine apparente ni de malheureux si fâcheusement handicapés que leur bonne volonté, leur courage et leur peine ne servent qu'aux employeurs qui les utilisent.

Tous ont avantage à suivre nos méthodes : dans l'extrême indigence de moyens elle permettent de s'améliorer, de s'affranchir d'acquérir peu à peu des qualités suffisantes à déterminer un certain bonheur ; dans l'opulence des dons de la nature, elles contribuent à assurer l'avenir du succès.

De notre ouvrage « *Méthode scientifique moderne de Magnétisme* » nous croyons devoir extraire un passage corrélatif à ce qui précède :

« Les individus bien doués et auxquels un talent inné a « rendu la vie facile et valu la plupart des satisfactions pour « lesquelles l'humanité se dépense songent rarement à faire « de la culture psychique. Le déterminisme leur étant fa- « vorable ils n'éprouvent pas le désir d'en remonter le cou- « rant. Leur personnalité possède deux ou trois bons res- « sorts dont l'activité leur permet de remplir aisément un « rôle assez utile ou agréable pour leur valoir toutes sor- « tes d'avantages. Ils sont bien servis par leur atavisme mais « ils en sont, aussi, étroitement tributaires. L'énergie de « leur « moi » n'étant pas unilatérale, leur vigueur psychique « reste faible ou nulle pour tout ce qui ne concerne pas le « genre de travail auquel ils étaient prédisposés. Un artiste, « un littérateur, un ingénieur, un médecin, un artisan pour- « vus de facultés exceptionnelles, sont incités par la facilité « même de leur succès à une passivité morale d'où peuvent « résulter l'adversité et l'annihilation de leur valeur. Pour « l'un ce sera une passion qu'il aura laissé sournoisement « s'implanter en lui et qui le conduira à une condition mor- « bide, pour l'autre une meurtrissure émotionnelle dont le « souvenir déséquilibrera à jamais son harmonie intérieure : « pour le troisième un revers financier impossible à sur- « monter sans la mise en jeu de facultés qu'il n'a jamais eu « l'idée de développer, etc, etc.. Sans aller au pire ne voit-on « pas communément : un homme notoirement intrépide « asservi par une fille, un industriel de valeur incapable

« d'autorité dans sa vie privée, un bénéficiaire de grasse « sinécure se couler par le jeu sous la sollicitation des be- « soins exagérés qu'il s'est créé ; un artiste donner par déses- « poir d'amour dans la toxicomanie et sombrer au physique « et au moral, une personne dont les ressources diminuent « se laisser torturer jour et nuit par l'idée d'avoir moins de « luxe et de satisfactions d'amour-propre etc., etc. *Faire un* « *effort* paraît une loi commune et ceux-là de qui le des- « tin ne semble en exiger aucun appréciable auraient le « plus grand avantages à développer l'ensemble de leurs « facultés et à conquérir la maîtrise d'eux-mêmes.

« Considérons combien plus puissante s'affirme la per- « sonnalité d'autres individus encore que favorisés comme « les précédents de talents spéciaux le qui ont rencontré au « début de leur existence de sérieux obstacles à l'épanouis- « sement, à la mise en valeur de leurs attributs. Ils ont dû « *lutter.* Ils ont dû *s'imposer* non seulement les efforts de « travail sans lesquels nul n'arrive à rien d'honorable mais « encore des privations qui leur ont révélé leur pouvoir de « contrôle sur leurs appétits et même sur leurs besoins. Ils « ont dû *renoncer* temporairement à la plupart des joies re- « cherchées par les jeunes gens de leur âge. Ils ont dû *résister* « inlassablement à celles de leurs impulsions qui les por- « taient à disperser leurs énergies et leurs moyens matériels. « Ils ont ignoré la flatterie, la vanité, la mollesse.

« La Médiocrité, le besoin, l'obscurité, loin de ruiner « leur vigueur psychique leur a au contraire évité cette « multiplicité d'états d'âme où l'homme incapable de « s'écarter des pièges complaisamment tendus par la vanité

« du collectif éparpille stérilement ses forces. La modicité « de leurs revenus, en les éloignant de la foule les a accoutu- « més à puiser leurs inspirations, leurs enthousiasmes, leurs « encouragements en eux-mêmes. Ce sont maintenant des « forts car ils savent qu'ils peuvent se suffire. La possibilité « d'une adversité succédant à leur succès ne les tourmente « pas : ils ne sauraient la craindre car ils se sont déjà mesu- « rés avec elle. Et si quelque affliction indépendante de leur « volonté vient à les menacer, à les frapper, ils lui oppose- « ront la lucidité, la présence d'esprit et la rectitude de ju- « gement voulues pour l'éviter si possible, en pallier les ef- « fets ou l'accepter froidement sans s'en exagérer l'impor- « tance.

« Ceux qui viennent à la culture psychique, y sont gé- « néralement amenés par la constatation introspective de « l'insuffisance de leurs moyens. Certains abordent la ques- « tion d'une manière très déterminée et en tirent rapide- « ment tout le bénéfice possible. Mais la plupart, devant « le contraste de leur faiblesse et de l'espèce de surhomme « qu'on leur dépeint dans les « cours » se laissent décon- « certer et trop aisément convaincre, par cette tendance à « l'inertie tapie au fond de chacun de nous, de leur incapa- « cité à l'effort exigé par la culture de la volonté.

« Ils déclarent qu'ils n'ont pas assez de ténacité, que leur « entourage exerce sur eux une action dissolvante sur le peu « d'énergie qu'ils possèdent ; que leur nervosité leur interdit « toute suite dans les idées ; que de s'efforcer d'entretenir, de « propos délibéré, telle ou telle idée, les fatigue ou leur « donne des maux de tête ; que leur besogne quotidienne

« additionnée des soucis de leur vie privée épuise leurs dis-
« ponibilités psycho-physiques. *Et c'est souvent vrai !* »

Mais comme nous l'avons montré dans les trois précédents chapitres, *personne n'est absolument incapable d'un premier effort* et après l'avoir accompli en vue de la maîtrise de soi, on peut se considérer comme armé pour l'action sur le destin.

L'idée, l'intention, le désir de transformer sa condition, si on la médite paisiblement, longuement, attentivement, suscite des profondeurs de l'intelligence une foule de notions connexes. Pour se livrer dans ce sens à de fructueuses cogitations, mieux vaut se retirer loin des autres, prendre une position confortable et se tenir prêt à noter ce qui vous viendra à l'esprit.

La comparaison mentale de l'état de sa personnalité avec celui qu'on ambitionne, des éléments de sa situation actuelle avec les avantages qu'on voudrait obtenir, inspire une série discontinue de réflexions judicieuses.

Ainsi, on se rend compte du degré d'aptitude ou de connaissances indispensable pour occuper telle position ou exécuter telle œuvre.

De l'ensemble des pensées issues de la méditation précédente, s'élabore assez facilement un plan d'ensemble que de nouvelles séances de réflexion permettront de mettre soigneusement au point.

Si éloigné que paraisse le but qu'on se propose, son accessibilité s'avère tangible si on envisage très nettement les diverses étapes à parcourir pour y arriver. Comme pour gravir une montagne on se donne des repères en se prescrivant : « Pour commencer je vals aller ici, de là j'atteindrai un nouveau point plus élevé, etc., » la réalisation d'un plan, l'exécution d'un travail de longue haleine et la réalisation des grands desseins de la vie nécessitent une série d'efforts répartis en un certain nombre de stades.

Toute carrière régulière procède ainsi : Pour devenir sculpteur, par exemple, après les études générales, celle de l'anatomie, des diverses parties du dessin, du maniement des outils, de la reproduction de chaque genre de sujets, marquent autant d'applications successives auxquelles le futur artiste doit s'astreindre longuement.

Lorsqu'au moment où l'ambition personnelle se réveille l'homme subit la poussée d'un courant imposé par d'antérieures nécessités, la difficulté — ne le dissimulons pas — est énorme, jamais insurmontable.

« Pour retirer de nos efforts le maximum de résultats « il convient de porter son choix et de le maintenir vers le « genre d'occupation qu'on parait prédisposé à s'assimiler « le plus complètement, le plus parfaitement, le plus aisé- « ment. Lorsque le besoin contraint l'individu à se livrer à « un travail pour lequel il n'éprouve aucun goût et au cours « duquel sa pensée revient inconsciemment vers la situation « qui lui aurait convenu, il a intérêt à envisager tranquil- « lement la possibilité d'un changement et les moyens de « l'exécuter graduellement. La culture psychique arme suf- « fisamment le plus grand nombre pour tenter avec toutes « chances de succès une rectification complète de l'exis- « tence. Au lieu, de se dépenser en stériles regrets, l'adepte « de la volonté prendra la détermination de s'attacher à

« satisfaire à la besogne présente aussi parfaitement que « possible en lui assignant le rôle d'exercice de maîtrise de « soi. Il fera un effort pour ne penser qu'à ce qu'il fait au « moment où il le fait et, entre ses heures de travail, il utili- « sera ses facultés intellectuelles à examiner comment se « créer la situation qu'il désire, comment acquérir les « connaissances voulues pour cela, etc. Il évaluera le temps « nécessaire pour opérer cette volte-face, dressera un plan « d'ensemble subdivisé en plusieurs étapes ayant chacune « son objectif distinct et se mettra à l'œuvre avec une calme « fermeté » (ouvrage déjà cité).

Les obstacles — inévitables — doivent être envisagés soigneusement, estimés à leur juste importance, étudiés un à un au moment voulu et entamés, éliminés, abattus successivement.

« Si vous considérez comme un bloc impressionnant « l'ensemble des difficultés qui s'opposent à la réalisation « de votre volonté, vous vous auto-suggérez la crainte. Avant « de penser aux obstacles il faut se rappeler qu'on veut « réussir et refuser de concevoir l'insuccès. Au lieu de dis- « penser ses forces, s'occuper de venir à bout de la première « obstruction qu'on rencontre, donner ensuite son attention « à la seconde, et concentrer toute son énergie sur l'effort « présent. Si la fortune ne dépendait que de l'unique tra- « verse qui vous arrête aujourd'hui, vous ne permettriez pas « qu'elle vous prive de ce que vous convoitez : vous la ver- « riez avec d'autres yeux. Allez donc de l'avant : chaque vic- « toire vous donnera un peu plus de confiance et il viendra « un moment où non seulement la difficulté ne vous trou-

« blera plus, où vous l'attaquerez automatiquement, mais où « elle figurera un élément de satisfaction dont la privation « vous déplairait ». (Ouvrage déjà cité)

4. De quelques qualités indispensables. — La première de toutes les qualités volontaires est l'énergie. La seconde est la contention de l'énergie, sa calme et judicieuse répartition sans dépense inutile, sans restriction dans l'effort délibéré, toujours mesurée, calme, uniforme. On augmente l'énergie elle-même : 1° par l'observance des règles indiquées précédemment pour l'accumulation de la force nerveuse ; 2° par entraînement ; 3° par la constatation des résultats heureux qu'elle obtient. L'habitude de réprimer l'expansivité, d'examiner sérieusement l'opportunité de chaque décision qu'on se trouve amené à prendre permet la rétention continue de l'impulsivité dans la vie active et les affaires.

Lorsqu'on a arrêté les grandes lignes du plan, général de modification de sa destinée, lorsqu'on a suffisamment précisé l'objectif particulier de chacun des stades qu'il comporte, il convient, sans perdre de vue l'ensemble ni le but final, de s'attacher uniquement à réaliser tout ce qui a été prévu pour la première étape. Au réveil, après quelques minutes employées à reprendre conscience de l'orientation qu'on a assignée à sa vie, il vient tout naturellement à l'esprit de « faire le point » c'est-à-dire de méditer un court instant sur les problèmes en cours de résolution en tâchant de se rendre compte où l'on en est. Ensuite les obligations de la journée qui va commencer occuperont la pensée. Nous recommandons de se représenter, comme dans une sorte de cinématographe mental ce qui doit se passer dans les douze heures qui vont suivre, de se voir soi-même agissant d'après les directives les meilleures, dominant les occasions de faute, réussissant à abattre chaque difficulté, obtenant la passivité des uns et le concours des autres, etc...

Une période journalière de travail, si on la considère comme une pierre qui, ajoutée à d'autres semblables avance l'édification du plan qu'on envisage, apparaît attrayante et féconde.

Toute cette méditation initiale demande à peine un quart d'heure. Son importance exige qu'on ne la sacrifie pas à la nonchalance d'un réveil tardif ou à la fantaisie de l'imagination, presque toujours vagabonde au sortir du monde des rêves.

Pour celui qui a pris la détermination de développer sa puissance personnelle et d'actionner sans trêve les forces aveugles — mais dociles — du destin, les mille mouvements d'une journée semblent autant d'exercices où aiguiser ses facultés. En s'habillant il cultivera l'habitude de gestes précis, souples, rapides, s'appliquera à parfaire sa tenue dans le minimum de temps possible sans en négliger aucun détail. Il entamera son travail attentivement, fermement, méthodiquement. Il ne manquera pas de se servir des incitations antagonistes comme d'occasions de contrôler ses impulsions. Dans ses rapports avec l'entourage, les clients, les collègues il appliquera le regard fixe central, la parole positive, les principes de la persuasion tout en s'étudiant à choisir et à combiner correctement, sans longueurs ni inutilités les mots dont il se servira. Lorsqu'une difficulté se présentera, il concentrera vivement son attention, sans se départir de sa sérénité, décidera comment procéder pour résoudre l'obstacle, et l'attaquera incontinent. Dans les moments « de presse » lorsqu'un certain nombre de points de vue, d'occupations, solliciteront simultanément sa volonté, il répartira mentalement l'ordre dans lequel il lui paraîtra préférable d'agir, et, toujours calme — ce qui n'empêche pas d'accomplir beaucoup en peu de temps — il s'attachera à chaque chose et passera à là suivante dès que l'une sera traitée à fond.

Dans son livre « *L'homme qui réussit* »; Sylvain Roudès a fixé en quelques lignes alertes les qualités propres au travail: « Envisagez, écrit-il toutes les faces du travail que « vous avez à faire. Ne cherchez pas à vous dissimuler les « difficultés et voyez si vous pouvez les vaincre. » « Chaque « fois que vous vous mettez au travail pensez exclusivement « à la chose que vous faites et n'ayez que cette seule idée « dans la tête, qu'elle suit votre unique préoccupation. Le « cerveau commande les muscles et si vous avez plusieurs « idées à l'esprit, il laissera fuir la force nerveuse dans plu-« sieurs directions à la fois plutôt que de la concentrer sur « celui qui devrait l'occuper. Vous aurez des distractions. » « Toutes les parties de votre travail doivent être pour vous « aussi intéressantes et les unes que les autres et vous devez « apporter le même soin aux unes qu'eux autres. » « Aucune « tâche n'est inférieure; l'ouvrage le plus humble exige une « part d'attention qui ne doit jamais lui être refusée. Si on « analyse bien, si l'on comprend bien un premier travail; « celui qui suivra sera encore mieux compris de l'esprit et

« de la main déjà entraînés par l'observation et l'exécution « antérieures. Et ainsi de suite, le travail du lendemain bé- « néficiant de l'expérience acquise dans celui de la « veille[6] ».

Nous insistons sur le fait que pour tenir compte de tous ces excellents principes, une réserve d'énergie est indispensable. Au moment précis où l'ennui, la lassitude, les idées incidentes, les dérivatifs venus du dehors tendent à nous entraver dans l'application de la ligne de conduite projetée, la réminiscence volontaire de nos directives ranime instantanément notre attitude mentale à condition que son action réflexe sur nos plexus y trouve l'accumulation de force voulue.

Une des principales causes de dispersion, d'éparpillement des puissances de l'être consiste à compter sur d'autres facteurs que sur ceux qu'on recèle en soi-même : Non seulement chacun doit alimenter sa « confiance en lui-même » mais il faut s'accoutumer à *ne compter que sur soi.*

« Nous vivons, dit Sylvain Roues, sous le a régime de « la loi d'airain. Produire beaucoup à bon compte oblige « la mine, l'usine, la terre à mal rétribuer un effort exces- « sif, à outrepasser la limite imposée par la nature à la ma- « chine humaine, à violer, au nom de la nécessité, les règles « indispensables à sa conservation comme à son perfec- « tionnement. Tant que l'homme sera l'ennemi de l'homme « et tant que cette division favorisera l'appétit monstrueux « de quelques-uns au détriment de tous les autres ; tant que

---

6 Legouvé cité par Roudès dans *L'homme qui réussit.*

« le droit au bonheur et au bien-être de ceux qui en sont « dignes ne sera pas écrit en lettres ineffaçables en tête de la « loi, tant que les classes ne se fondront pas en un unanime « et fraternel accord, tant que la force et non pas la Raison, « sera la reine du monde, l'état de choses actuel existera. A « cette situation désolante un seul remède est efficace, « continue le même auteur, ce remède c'est *l'éducation indi-« viduelle exercée par soi-même sur son caractère et ses actes* ».

On ne saurait mieux dire. Rien ne présage avant une époque extrêmement éloignée que le collectif soit organisé quelque jour équitablement vis-à-vis de l'individu. Comptons donc exclusivement sur nous-mêmes. Perfectionnons nos aptitudes, nos facultés, augmentons notre énergie, exerçons notre volonté et, tout en tenant compte des dissonances extérieures, ne perdons pas de temps à récriminer. Ne nous répandons pas en griefs contre l'injustice sociale, la cupidité des exploiteurs, l'impéritie des gouvernants, le caractère de ceux dont nous avons à nous plaindre. Ne nous lamentons pas contre le sort, les fortuités malencontreuses, le gros effort qu'il nous faut produire : organisons-nous dans le cadre du destin initial et manœuvrons calmement, méthodiquement, pour le transformer.

Au lieu d'interpréter les agissements ou les circonstances contrariants en disant : « Si ceci ne m'était pas arrivé » ou « Si un tel n'avait pas méconnu son devoir envers moi » mieux vaut — étant entendu que le tracas ou les doléances gaspillent inutilement notre force mentale — nous dire : « Comment puis-je pallier à ce que je déplore, comment puis-je en éviter le retour, comment puis-je me soustraire à cette fâcheuse éventualité ».

Aux hommes il faut opposer la diplomatie : aux événements l'habileté.

Nous n'avons pas tous la même capacité de travail. Chacun devrait s'appliquer à se bien connaître, à apprécier l'étendue et l'intensité du labeur journalier qu'il peut donner sans altérer sa santé et tâcher de le limiter en conséquence. Les travailleurs acharnés ne réussissent pas toujours. Aller à l'épuisement c'est aller à la ruine. Une application régulière, uniforme et d'une constante orientation rend plus d'effet utile que les coups de collier alternant avec des périodes d'inaction. Si le succès qu'on envisage nécessite durant quelque temps une dépense excessive de forces c'est en s'entraînant progressivement à augmenter sa puissance de rendement qu'on parviendra le plus sûrement à soutenir, un peu plus tard, durant des semaines, des mois, des années s'il le faut, l'activité intense qu'on se propose.

Savoir se reposer, se détendre, se dissocier de ses préoccupations mérite une sérieuse attention. Le sommeil, dont nous avons déjà traité, ne suffit pas à délasser toutes nos facultés. Plus loin nous donnons la meilleure méthode de récupération des forces : l'isolement. Dans le cours de la vie ordinaire un grand nombre de distractions nous sont offertes dont le choix importe peu pourvu qu'elles réalisent la double condition de nous changer les idées assez complètement pendant leur durée et de ne laisser dans l'esprit aucune source d'obsession ou de dissipation.

Voici ce que nous disions à ce sujet dans un volume déjà cité : « Les hommes les plus occupés, ceux qui jouent « dans l'humanité des rôles importants donnent dans leur « vie une place journalière à la détente physique et mo- « rale. La meilleure de toutes est sans contredit la pratique « d'un sport modéré exigeant le concours de facultés tout « à fait différentes de celles mises en jeu dans le travail. La « marche à pied constitue le plus élémentaire des sports. A « tous points elle reste excellente. Le patinage, la natation, « le canotage sont également salutaires et à la santé et à la « vigueur morale.

« Le spectacle a l'inconvénient de prédisposer à une « multiplicité d'états d'âme qui émiette l'attention. Il perd « ses inconvénients pour ceux qui sont déjà suffisamment « maîtres d'eux-mêmes et qui, tout en se livrant entière- « ment aux émotions théâtrales durant la représentation « reprennent, en sortant, leur entier contrôle et ne se laissent « pas obséder, ensuite par des réminiscence prolongées. »

S'il est judicieux de ne compter que sur soi quant à la réalisation de nos plans, cette règle s'applique au premier chef à leur conception et à l'appréciation des êtres et des choses. Sans négliger de se documenter à toutes les sources possibles, il faut s'accoutumer à voir par soi-même et à former ses jugements en parfaite indépendance. Les conseils, les avis, les exhortations de gens expérimentés et sages peuvent utilement contribuer à nous éclairer ; la manière de voir des plus humbles doit même faire l'objet d'un examen impartial mais, en dernier ressort, *votre* personnalité demeure le meilleur juge pour ce qui vous concerne. Se ranger à une opinion parce qu'un homme illustre ou un collectif important la soutient, craindre de s'écarter des chemins battus, des procédés routiniers, sont autant d'entraves au développement de l'individualité. Si la grande masse subit l'esclavagisme, l'antiphysisme et l'oppression sociale c'est qu'elle n'a pas encore appris à penser par elle-même. Celui qui veut dominer le destin prendra garde à cet écueil. Par-dessus tout il s'épurera de toute vanité. L'acquiescement de son propre jugement, inspiré par ses directives, par le but qu'il poursuit, demeurera pour lui le seul qui importe. Trop de réelles difficultés barrent la route pour ne pas leur réserver notre attention et la refuser implacablement au « qu'en dira-t-on », aux préjugés, aux coutumes surannées, à l'esprit de région, de secte, de caste, aux idiosyncrasies familiales et même nationales.

L'expérience confronte la vérité et l'erreur. Les indécis évitent peut-être un certain nombre de coups et de désagréments mais ils en subissent de pires. Le mieux est de délibérer en toute indépendance, d'essayer le résultat de ses délibérations et de modifier s'il y a lieu ses décisions d'après la féconde leçon des faits.

5. Chance et malchance. — Versé dans l'étude du merveilleux sous toutes ses formes, le problème de la chance nous a passionné. Que de personnes nous avons observé qui nous ont paru favorisées par d'invisibles agents leur dispensant toutes les joies, écartant d'elles la conséquence de leurs fautes, ruinant les entreprises de leurs adversaires, leur prodiguant le succès, les faveurs du monde en général et l'adoration de quelques-uns. Que d'autres — combien plus nombreuses — nous avons vu affligées de multiples déceptions, de malheurs allant crescendo, subir la maladie, lit misère, meurtries atrocement dans leurs sentiments les plus nobles et les plus élevés. Troublant problème! Oui, il semble bien qu'une radieuse étoile s'avère, parfois, dès le berceau, protectrice de la destinée tandis qu'une noire fatalité, se perçoit, tenace, dans l'ombre de malheureuses créatures et les pousse implacablement jusqu'à l'ultime extrémité du douloureux sentier de la désespérance.

Et de la masse des souvenirs émouvants, précieusement enfouis dans notre mémoire, se dégage particulièrement amère la constatation de l'apparente incohérence des intangibles dispensateurs du bon et du mauvais sort. Pourquoi avons-nous assisté en même temps à l'insolent triomphe d'esprits massifs accolés à d'épais appétits, et à la savante torture d'êtres délicieux en qui toutes les sensibilités et toutes les noblesses semblaient s'allier à la plus exquise subtilité?

N'y a-t-il là que l'apparence d'autres causalités, que de l'enchaînement fatal des faits tombant sous nos sens? Lorsqu'un malheureux passe une existence à gémir sous l'étreinte d'un mal légué par son ascendance, devons-nous borner nos réflexions à la loi physiologique d'hérédité? Lorsqu'une catastrophe bouleverse et ruiné l'édifice élevé par des années de travail, étend sur la veuve en pleine jeunesse le linceul d'une inconsolable détresse, disperse les enfants et les confine aux plus révulsantes promiscuités, l'accident initial limitera-t-il notre élan vers la connaissance des plus troublants pourquoi ? Lorsqu'un moment d'inattention entraîne l'irréparable ne chercherons-nous pas un motif donnant la clé de pareille disproportion ?

Dans un suivant volume, nous reviendrons sur ce passionnant sujet. Présentement c'est vis-à-vis de la volonté que nous considérerons la chance car si nul ne peut se flatter de capter cette folle, chacun recèle en lui des moyens permettant de se soustraire à l'hypothétique entité adversaire et de déterminer par soi-même les faveurs dont la fortune vous refuse la gratuité.

Nous n'avons pu découvrir le moindre rapport entre la chance et le mérite personnel tel qu'on l'entend communément mais l'expérience nous a démontré que le développement de l'individualité psychique, tel que nous l'indiquons dans ce livre, dégage peu à peu celui qui s'y adonne de l'emprise du *fatum* qui paraissait consubstantiel à sa personnalité. A mesure que s'affermit la volonté elle pèse de plus en plus considérablement dans la balance des causes multiples d'où s'engendrent les événements. L'être humain devient alors un facteur conscient de sa destinée. Il n'est plus ballotté comme un fragile esquif sur l'océan de la vie son jugement devient un gouvernail précis qu'il maintient de toute l'énergie d'un vouloir entraîné.

Les volontistes fanatiques prétendent que l'homme dépend exclusivement de lui-même. Les fatalistes proclament au contraire que chacun subit une inéluctable prédestination. A notre avis cette dernière existe, mais dès qu'on en prend conscience et qu'on s'insurge contre ses éléments défavorables on la modifie dans la mesure où l'on s'y efforce judicieusement.

En effet, nul ne saurait nier que l'entraînement de la volonté permet :

D'améliorer sa santé physique, d'augmenter la résistance de son organisme, d'agir sur ses fonctions par autosuggestion ;

De régulariser en soi l'impressionnabilité, l'émotivité, la sentimentalité, l'impulsivité, l'imagination, la mémoire, les autres manifestations subconscientes et de les placer sous la direction de l'idée réfléchie, du jugement ;

De pouvoir annuler, le cas échéant, l'influence sur soi-même des autres considérés individuellement, du milieu ambiant, du collectif, afin de conserver l'entière liberté de sa pensée et ses actions ;

D'exercer autour de soi et sur ceux auxquels on peut éventuellement avoir affaire une influence prédisposant ceux-ci en notre faveur de manière à obtenir une mesure maximum de considération et de mise en valeur pour les facultés, les aptitudes, la compétence qu'on possède ;

De savoir inspirer dans sa sphère, les sentiments et les idées susceptibles d'orienter utilement ceux auxquels on a à s'intéresser ;

De réunir le maximum d'éléments de succès et de résistance à l'adversité ;

D'effectuer un progrès continu, d'accroître l'étendue et la vigueur de ses facultés, l'envergure de son intelligence et de ses moyens d'action.

D'ailleurs, pour la grande majorité d'entre nous les chances et les fatalités se manifestent dans le cours de l'existence d'une manière à peu près équivalente et dès que l'effort personnel intervient, tenace avec quelque continuité, la balance ne tarde pas à pencher du bon côté.

6. Les épreuves, l'adversité, le malheur. — Deux attitudes également fatales devant l'adversité : la résignation passive et la révolte aveugle paralysent l'action de la volonté. L'existence la plus favorisée comporte des heures de tourment et bien rares sont ceux à qui la vie ne réserve pas plusieurs périodes écrasantes. En présence de n'importe quelle éventualité affligeante, il importe avant tout de conserver son calme, de se concentrer en soi-même et d'examiner, sans ajouter ou retrancher quoi que ce soit aux faits, la situation. Le développement psychique évite toujours un grand nombre de calamités et nous sommes persuadé qu'à un certain degré il les empêche radicalement. Au moment où survient l'une d'elles, la lucidité d'esprit, la rectitude du jugement, l'esprit de « lutte quand même » en réduisent au minimum le mauvais effet et en éliminent systématiquement les causes s'il y a lieu.

Comme un général attentif à suivre les péripéties de la bataille, prêt à répliquer, suivant sa science stratégique aux avantages momentanés de l'ennemi, chacun de nous, à l'heure du péril doit mobiliser ses facultés, les manœuvrer habilement, s'absorber corps et âme dans l'effort à accomplir, ne jamais accepter d'échec définitif, accueillir les insuccès avec un sourire sans jamais perdre de vue qu'il peut réagir et qu'il compte pour un élément important dans le jeu des forces favorables et contraires.

Il est, certes, des malheurs impliquant de l'irréparable. Seule une attitude préventive peut les conjurer. L'inattention, le laisser-aller, l'ignorance, la faiblesse morale en déterminent la plupart.

L'habitude de la méditation préjournalière recommandée au chapitre précédent peut être considérée comme une mesure de vigilance, car, pendant qu'on l'effectue une foule d'associations d'idées, de réflexions, de réminiscences viennent éclairer l'esprit, en lui donnant une espèce de prescience des périls possibles et d'utiles inspirations sur la manière de les éviter.

En mettant sérieusement en œuvre son intelligence, sa volonté et son activité, on peut compter venir à bout rapidement des diverses difficultés que l'on peut rencontrer, cela d'autant plus vite que l'on saura mieux réserver exclusivement sa tension mentale vers un seul point à la fois.

Celui qui subit passivement les coups du sort, qui n'entretient pas l'espoir et l'intention ferme de jours meilleurs, qui s'abandonne, en un mot, à son destin ne saurait s'attendre à ce qu'il se modifie. Il ne faut confondre le calme avec l'indifférence, ou la lassitude. Cette dernière s'insinue parfois, quelques heures ou quelques jours, dans l'âme des plus intrépides mais ils la surmontent rapidement. Sous l'impassibilité extérieure et connexement à la sérénité active, une volition continue partie des replis les plus profonds de la conscience doit animer l'individu qui se débat contre l'antagonisme ou l'affliction.

Inversement, la hâte fébrile n'est pas l'activité. Il ne sert de rien de crisper ses poings, de contracter ses muscles, de s'agiter, de disperser son énergie dans plusieurs directions à la fois, de céder aux impulsions émotionnelles qu'on éprouve. Plus le cas est grave, plus pressante s'impose la conservation du calme et l'appel au raisonnement.

Sans s'attarder à redouter les diverses éventualités fâcheuses qui pourraient nous survenir, considérons combien, le cas échéant nous serions satisfaits de nous trouver en possession d'une solide volonté doublée d'une impassibilité imperturbable et ajoutons ce motif à tous ceux dans lesquels nous puiserons l'élan nécessaire chaque jour pour persévérer dans la voie énergétique.

7. Concevoir en idéaliste, exécuter en réaliste. — « Visez haut » recommande Andrew Carnegie aux jeunes employés désireux de réussir. Et il ajoute : « Je ne donnerai pas « une figue du jeune homme qui ne se voit pas déjà l'associé « ou le chef d'une importante maison. Ne vous contentez « pas un seul instant dans vos pensées d'être principal em- « ployé, contremaître ou administrateur général de n'im- « porte quelle affaire si considérable qu'elle soit. Que cha- « cun se dise : « ma place est au sommet ». Soyez roi dans « vos rêves. Faites le vœu d'atteindre cette situation avec « une réputation sans tache et ne faites pas d'autre vœu qui « puisse distraire votre attention ». *(L'empire des affaires)*

En combinant son plan général pour la vie chacun doit, en effet se tourner vers les sommets, ce qui est indispensable pour atteindre le point le plus élevé possible. Mais ceci n'implique pas la suffisance et le vagabondage de l'imagination dans ces rêveries où les contemplatifs aiment tant à se distraire du réel. « Visez haut » mais en même temps rendez-vous compte de toutes les aptitudes qu'il vous faudra réunir successivement pour y parvenir. Décidez d'acquérir les qualifications et de vous mettre dans les conditions voulues pour cela.

Tout homme pourrait accomplir beaucoup plus en ne restreignant pas son idéal au probable avenir que prépare son état actuel. Sans cesse stimulé par une noble ambition, l'effort, le travail, la résistance aux tentations dissolvantes s'effectuent avec l'aide d'un puissant réconfort.

Savoir allier l'objectivation mentale du grand succès, à un positivisme précis dans le domaine des faits est une des plus sûres qualités pour conditionner avantageusement sa destinée. Il faut, dit un sage proverbe, *marcher les yeux au ciel et les pieds sur la terre*, ne pas perdre de vue le pan des réalités au cours de nos actes, mais s'orienter vers les cimes durant les moments méditatifs qui préparent si bien à l'action.

Ambition ne signifie pas nécessairement un désir immodéré de richesse ou d'honneur : l'étudiant en médecine épris de sa profession se verra l'égal de tel grand praticien dont il suit aujourd'hui l'enseignement ; l'artisan maintiendra sa pensée sur le désir de produire avec une perfection et une rapidité sans pareilles, le jeune débutant d'une maison de commerce se verra semblable à tel expert de la branche qu'il apprend et s'entretiendra dans le désir de connaître dans leurs plus minutieux détails toutes les choses qui s'y rapportent, etc.

Dans tous les domaines le même principe trouve son application.

Quelques-uns, maladifs ou ayant à déplorer quelque insuffisance, auront à surmonter préalablement l'obstacle d'un pareil état. Ils éviteront de se lamenter et s'appliqueront à suivre très exactement les indications données aux chapitres I, II et III. Bientôt ils auront conquis le plein équilibre qui leur faisait défaut.

Une des plus grandes sources de satisfaction qui soit offerte à l'homme est de posséder une compétence au-dessus de la moyenne soit dans sa profession s'il en exerce une, soit, s'il se trouve favorisé par la fortune, dans une branche de son choix. Or, une application prolongée durant des années donne seule les connaissances et la maîtrise indispensables pour posséder à fond un art quelconque. La plus humble profession lorsqu'on y excelle vous crée une sorte de royauté, outre les profits matériels qu'on en tire. Tous les individus que nous avons connus à quelque niveau social qu'ils appartinssent, et dont les capacités professionnelles étaient hors ligne rayonnaient d'optimisme et de sérénité. Quoi de plus désirable que cette sûreté, cette valeur, cette science approfondie qui permet un maximum d'utilité sociale, qui assure la considération, attire à soi une élite du milieu où l'on évolue et procure généralement, par surcroît, une vie large et facile.

Si des inventeurs de génie meurent dans la misère c'est qu'un des éléments voulus pour se faire valoir leur manque : généralement le sens des réalités en affaires. Un chef de fabrication dans une industrie quelconque gagne souvent dix fois plus qu'un savant de premier ordre : la valeur de l'un a su s'adapter au plan utilitaire alors que l'autre absorbé par ses idéaux s'est refusé à semblable adaptation. Mais il n'en a pas moins eu les satisfactions morales inséparables d'une haute compétence.

En « visant haut » il importe donc de ne rien omettre et l'inventeur dont nous parlons devrait non seulement ambitionner la découverte qu'il rêve mais les qualités de lutte et d'influence personnelle par lesquelles il diffusera le fruit de ses labeurs.

A tous les points de vue, la culture psychique, le développement de la personnalité, apparaissent, on le voit, comme le moyen et le complément indispensable de toute autre éducation. Des centaines de licenciés ou d'agrégés végètent, leurs connaissances demeurent inutilisées, le savoir qu'ils ont patiemment acquis s'éteindra avec eux sans leur avoir apporté la moindre compensation parce qu'ils manquent de cette « force de caractère » qui ouvre les portes, force l'indifférence, décide du concours des autres, obtient l'équivalent de ce qu'on donne. Nous nous inclinons avec sympathie et même avec respect devant ces victimes d'un insuffisant vouloir, les citant à titre d'exemple pour montrer que la valeur intrinsèque se doit à elle-même d'acquérir les qualités qui font valoir le mérite et lui conquièrent de haute lutte la place à laquelle il a droit.

8. Egotisme et altruisme. — Alors que l'égoïsme consiste à sacrifier impitoyablement les autres chaque fois qu'on le juge nécessaire à l'obtention d'une satisfaction quelconque, l'égotisme est un état d'âme caractérisé par la détermination à l'extension de sa personnalité. L'égoïsme procède toujours d'une certaine faiblesse; l'égotisme, au contraire constitue une force. Si vous êtes décidé à ne rien vous laisser imposer par les autres qui soit contraire à votre santé, à vos facultés, à votre succès, à votre influence personnelle, vous êtes égotiste: où vous manifesteriez de l'égoïsme ce serait en vous montrant désireux de bénéficier seul des avantages que vous assureront les principes de l'égotisme.

Aucun homme n'a réussi par lui-même s'il n'a durant un certain temps, concentré toute son attention sur lui-même et sur son but. « Rien n'a pu l'en détourner, dit Roudès, « aucune critique n'a pu paralyser son geste. Ecartant les « obstacles par l'habileté ou l'argent, le regard insensible aux « attraits du chemin, sourd à toute sentimentalité, il a marché sans arrêt d'un pas sûr et volontaire à la victoire qu'il « désirait, à la supériorité qu'il ambitionnait ». *(L'homme qui réussit)*

Ceci ne signifie pas que notre exemple ait détruit en lui toute sensibilité mais qu'au lieu de la gaspiller en mille incidences il l'a réservée pour la prodiguer au moment opportun.

L'égotisme ne supprime pas l'altruisme: il le réglemente. L'adepte de la volonté s'imposera volontiers un effort supplémentaire pour obliger un ami ou secourir une détresse: ce qu'il refusera c'est un geste paralysant son action ou perturbant la réalisation de ses plans.

Chacun n'a à donner que dans la mesure où il possède. Moralement, celui dont toute l'énergie n'est pas de trop pour soutenir son propre courage et maintenir le calme de ses nerfs au milieu des difficultés doit s'écarter des déprimés et rechercher au contraire la société des forts, des audacieux, des cerveaux robustes. Autrement, — et sans profit pour personne — il éprouverait bientôt lui-même une dépression d'où pourrait résulter le découragement. Matériellement, la mesure dans laquelle chaque individu peut se rendre utile à ceux qui le sollicitent devrait être prévue, satisfaite et jamais dépassée.

9. L'équité. — Il existe d'ailleurs un critère fort simple pour apprécier la juste mesure en matière d'égotisme et d'altruisme. Il consiste à s'efforcer d'agir comme il serait préférable que chacun agit, soit en général, soit dans un cas d'espèce. Il va sans dire qu'une nation dont tous les individus seraient menés par l'idée d'un développement personnel leur permettant à chacun un maximum d'équilibre, d'utilité, d'activité, de production, verrait bientôt diminuer la maladie, la mortalité, le chômage, le coût de l'existence, les délits et les crimes.

Rien de plus équitable, par conséquent que la culture psychique avant tout. En présence d'une affliction, il importe moins de se soustraire à la pénible impression qu'on éprouve en lui procurant un soulagement immédiat mais souvent de peu de durée que se demander ce qu'il vaudrait mieux que l'on fit pour supprimer sa cause. *Aimer son prochain comme soi-même et lui faire ce qu'il serait préférable qu'on vous fît*, telle est la formule de l'équité.

C'est l'égotisme qui donne à l'altruisme son maximum de pouvoir utile. Les indécis, les hésitants, les faibles ne seront jamais d'un grand secours à personne. Tout en poursuivant sa route vers de nouveaux et incessants progrès, vers l'acquisition d'avantages matériels, toujours plus considérables, les forts sont au contraire à même de répandre autour d'eux tout espèce de bienfaits. Pour être heureux il ne suffit pas de recevoir plus ou moins, il est indispensable aussi de donner, de rayonner, d'aider, de supprimer les agents d'inharmonie qui se trouvent dépendre de notre action.

En conquérant, d'ailleurs, au moyen de développement indiqué dans ce livre une envergure mentale de plus en plus vaste, on élimine toute mesquinerie et toute bassesse comme tout arbitraire. La droiture morale naît, en effet, de l'équilibre psychique.

CHAPITRE V

LES GRANDES SOURCES D'ÉNERGIE

1. ISOLEMENT. — 2. MÉDITATION — 3. OBJECTIVATION. — 4. CONCENTRATION. — 5. AUTO-SUGGESTION. — 6. TRANSFORMATION DES FORCES.

1. Isolement. — Cette pratique et celles qui suivent sont unanimement recommandées par tous les spécialistes de la volonté. Nous nous bornerons à les décrire en élaguant tout commentaire technique. N'importe qui peut les essayer d'emblée mais pour en tirer le maximum d'effet, l'observance au moins des principales règles déjà indiquées nous paraît indispensable.

S'isoler consiste à se soustraire au plus grand nombre possible de sources de perceptions, notamment à son ambiance habituelle. Un grand nombre d'hommes très actifs comprennent l'importance d'un isolement périodique. Certains quittent leurs bureaux ou magasins du samedi au lundi pour se retirer dans quelque villa sise loin de toute agitation où rien ne leur rappelle les affaires. En Amérique, ce système est généralisé : la plupart des gens affairés qu'on voit s'agiter dans Broadway ou Wall-Street durant le jour, regagnent, le soir venu, un domicile retiré de la banlieue new-yorkaise. On peut procéder de plusieurs autres manières, par exemple, se lever une heure plus tôt, et aller s'asseoir dans quelque square, à moins qu'on ne préfère parcourir paisiblement un chemin désert, ou le dimanche, se rendre ne fût-ce qu'une ou deux heures, assez loin de chez soi, au bois, afin de favoriser la mise en veilleuse de la pensée.

Lorsqu'au cours de la journée, au bout de plusieurs heures de surmenage, on ressent quelque lassitude, un quart d'heure de flânerie dans les rues avoisinantes, repose utilement. De multiples occasions se présentent, d'ailleurs, de pratiquer une espèce d'isolement : un trajet en auto, en tramway, en chemin de fer, une attente dans quelque office où l'on a affaire, etc. Les nonchalants ne ratent aucune de ces occasions, mais ne savent pas revenir de leur torpeur à l'instant voulu. C'est une des raisons pour lesquelles nous disions plus haut qu'une certaine discipline nous semble devoir être acquise, avant d'aborder le présent chapitre.

D'autre part, l'isolement matériel n'implique pas forcément la détente mentale. Il ne manque pas d'hommes auxquels le changement de cadre n'apporte pas cette suspension momentanée de la pensée, seule cause du repos envisagé dans la pratique dont nous parlons. En s'adonnant à l'exercice suivant on peut, au contraire, même au milieu du bruit, de l'agitation et, d'une minute à l'autre, raréfier, puis suspendre le cours de ses pensées.

— La meilleure position, la station allongée, facilite le ralentissement des mécanismes cérébraux, mais dans la station assise, on y peut également parvenir, bien qu'un peu plus difficilement au début.

Tout d'abord, on s'applique à bien relâcher ses muscles en portant son attention successivement sur les pieds — qui doivent être appuyés, les jambes, les cuisses, le dos et le cou, puis sur les bras et les mains : Vérifier ainsi que le corps repose de tout son poids, puis laissant tomber à demi les paupières, on s'imagine continuer à voir les contours de son corps, et on exprime intérieurement l'intention de « rentrer en soi-même », c'est-à-dire de rompre momentanément tout contact avec l'extérieur.

Poursuivant ce premier procédé durant trois à cinq minutes, on ne tarde pas à éprouver une sorte d'engourdissement agréable, accompagné d'une fraîcheur qu'on sent courir le long des muscles, et qui s'accompagne d'une sensation de repos parfait.

Secondement, on dirige son attention sur les pensées qui vous viennent, — déjà moins tumultueusement — , en veillant à n'en suivre aucune : les idées semblent alors passer devant vous à peine perçues. Bientôt, durant de courtes périodes de cinq, dix, trente secondes, la vacuité mentale reste entière. Enfin, il arrive un moment où on ne pense plus à rien.

Cet état délicieusement languide et qu'on a conscience de pouvoir faire cesser dès qu'on le voudra, repose mieux et plus rapidement que le sommeil le plus profond. En effet, dormir ne suspend qu'une partie de l'activité mentale.

Avec un peu d'habitude, quelques secondes suffisent à se mettre complètement dans l'état d'isolement, au cours duquel on récupère rapidement les forces dépensées précédemment.

Napoléon paraît avoir eu connaissance de ce procédé. Parfois, ses officiers le voyaient se retirer à l'écart et demeurer immobile, comme s'il dormait profondément. Et cependant, il veillait : si une cause urgente venait interrompre sa retraite, il manifestait instantanément une complète lucidité d'esprit. On dit d'ailleurs que sa vigilance ne se relâchait ni jour, ni nuit. C'est certainement grâce à un mode particulièrement satisfaisant de repos, qu'il a pu surmonter les écrasantes fatigues de ses campagnes.

2. Méditation. — Il ne s'agit plus ici de classer ses idées relatives au but qu'on se propose de poursuivre, mais de chercher de nouvelles inspirations. Après une demi-heure d'isolement systématique, au lieu de fermer sa conscience aux notions qui y viennent, il faut pour méditer, l'ouvrir, au contraire, largement, laissant s'y jouer tout l'enchaînement des récepts, des percepts et des concepts venus de l'extérieur ou de l'emmagasinement mnémonique. Le seul contrôle qu'il faille exercer, consiste à comparer chaque inspiration au fur et à mesure, dès qu'elle se manifeste, avec les grands principes qu'on a adoptés, et à réprouver nettement celles qui n'y seraient pas conformes. Il est bon de noter rapidement celles qui jettent quelque jour nouveau sur nos plans, qui précisent un détail, une nuance, l'opportunité d'une décision qu'on n'était pas encore tout à fait décidé à prendre, etc.

La méditation apporte positivement des énergies nouvelles, car elle transforme les velléités en déterminations fermes, et elle laisse se réunir en puissants faisceaux incitateurs d'action, de multiples impressions demeurées éparses dans la subconscience.

3. Objectivation. — Remède à toute indécision, l'objectivation s'utilise lorsque la volonté répugne à se subordonner aux lumières de la pensée réfléchie. Combien de fois ne sommes-nous pas en présence d'une vive tentation, dont la satisfaction, tout en nous procurant un contentement immédiat, engendrerait toute une série de conséquences indésirables pour l'avenir ? C'est à ce moment qu'il convient de se représenter mentalement, avec la plus grande précision, d'une part, ce qui se passera si nous suivons notre impulsivité, d'autre part, ce qui motive la répression de celle-ci.

Le fondateur de l'ordre des Jésuites, qui sut se plier avec une inflexibilité exemplaire à la rigueur monastique, Ignace de Loyola, soumet ses disciples à l'objectivation. Il leur prescrit, par exemple, de se représenter l'enfer, avec ses flammes, de s'imaginer qu'ils ressentent la torture qu'éprouvent les damnés, l'horreur de la perspective d'une éternité d'un pareil supplice, etc. Ainsi, au moment où se présentera l'occasion d'une faute entraînant les peines éternelles, les images terrifiantes objectivées par le religieux lui reviendront en mémoire, l'aidant à se réprimer.

Dans la vie ordinaire, l'objectivation nous semble la clé de la rectitude. Si nous prenions le temps de nous représenter sous une forme concrète, les conséquences logiques de chacun de nos actes, nous paralyserions la plupart des impulsions fâcheuses, dont aucun de nous n'est exempt.

Pour tirer parti de ce procédé, on conçoit qu'il faille déjà quelque entraînement à se dominer.

Quand on cherche à se déterminer à un effort, la même pratique est indiquée. Elle consiste alors à contempler l'image mentale des avantages qu'on attend de l'effort en question, à goûter par anticipation la satisfaction qu'ils nous donneraient. Il va sans dire que l'attention et le temps apportés à cet exercice, mesurent son efficacité.

D'une manière plus générale, objectiver rapidement ce qu'on désire accomplir, aide considérablement à le réaliser. En combinant un plan, si au lieu de se contenter de formuler abstraitement ses divers éléments, on se les représente sous une forme tangible, aussi précise et vivante que possible, la meilleure manière de l'exécuter vient clairement à l'esprit.

4. Concentration. — Nous avons déjà dit quelques mots de la nécessité de ne penser qu'à une chose à la fois et de s'absorber entièrement dans chaque objet proposé à notre attention par nos délibérations raisonnées. Pour arriver à une concentration d'esprit entière et intense il existe différents exercices. Nous avons indiqué les plus élémentaires. En voici maintenant de nouveaux, gradués, auxquels celui qui vise à pratiquer l'influence directe de la volonté sur son propre organisme, sur l'esprit des autres et sur les causes secondes de sa destinée aura le plus grand avantage à s'adonner.

— Efforcez-vous au cours de la vie ordinaire de ne jamais laisser perturber votre stabilité mentale par les manifestations ambiantes. A moins qu'un motif objectif ne vous y détermine après la délibération intérieure, ne laissez dériver votre ligne de pensée par aucune incidente. On vous communique une nouvelle tandis que vous étiez occupé à une besogne définie : gardez le silence et ne laissez pas bifurquer votre attention ; on cherche à obtenir votre avis, votre acquiescement, votre approbation, à vous émouvoir par des paroles flatteuses, railleuses ou comminatoires : ne vous laissez pas induire, demeurez calme, flegmatique, ne discourez pas, n'expliquez pas votre attitude. Ne manifestez non plus ni impatience ni mécontentement Votre intention première : résister à un dérivatif extérieur de votre pensée importe seule. Laissez passer les réactions exercées par votre conduite sur ceux qui vous entourent : n'alimentez pas ces réactions.

— Prenez une position confortable, détendez vos muscles, fermez vos yeux et représentez-vous mentalement la forme graphique du chiffre 1 ; lorsque vous avez réussi à en construire une image précise, passez au chiffre 2 et continuez ainsi jusqu'à 9 inclus. Une fois entraîné suffisamment pour que le défilé des chiffres s'effectue rapidement et nettement, prenez la série de 10 à 99, puis celle de 100 à 999 et ainsi de suite. Fatigant au début cet exercice, exécuté posément, développe l'élasticité de l'esprit, l'attention et la volonté.

— Choisissez un objet de forme simple mais un peu spéciale : par exemple un flacon aux contours originaux; placez-le devant vous à environ un mètre et reprenant la position précédente étudiez bien l'aspect de votre récipient. De temps à autre fermez les yeux et représentez-vous, mentalement, le modèle en question. Tant que l'image que vous cherchez à former n'a pas une netteté parfaite, tant que vous ne réussissez qu'à vous en imaginer qu'une portion, persistez à comparer le flacon réel au flacon fictif, Enfin lorsque vous « tenez » la forme du modèle, efforcez-vous de la conserver intacte, reconstituez-la si elle devient floue et maintenez votre pensée attachée à cette représentation intellectuelle le plus longuement possible.

— Prenez un papier et deux crayons, d'une main essayez-vous à dessiner un cercle et de l'autre un carré.

— En vous basant sur une photographie ou sur vos souvenirs, construisez, linéament par linéament le portrait mental d'une personne. S'il s'agit de quelqu'un que vous voyez fréquemment, à peine aurez-vous fermé les yeux qu'il vous semblera avoir réussi. En réalité c'est l'impression générale qui se dégage de la physionomie en question que vous vous serez rappelée, tandis que l'objet de l'exercice proposé consiste à s'imaginer si précisément et si complètement le visage du sujet qu'on puisse se servir de cette fiction comme modèle pour exécuter un dessin. Il ne faut pas s'attendre à réussir du premier coup mais réitérer souvent cette pratique pour la maîtriser.

— Après s'être accoutumé à la concentration mentale sur des objets isolés, on peut passer à des images plus complexes. Votre bureau ou votre chambre à coucher avec tous les menus éléments qu'ils contiennent serviront utilement de modèles. Supposez que vous vous trouvez sur le pas de la porte, les yeux tournés vers l'intérieur de la pièce et que vous détaillez chaque chose qui s'y trouve en commençant par la droite et en finissant par la gauche. Pour terminer attachez-vous à une vue d'ensemble et tâchez de la maintenir dans toute sa précision, un quart d'heure ou vingt minutes.

— Dans le tramway, en chemin de fer, dans la rue ou au spectacle fixez votre regard sur la nuque d'une personne avec l'intention ferme de la voir se retourner. Ne vous répétez pas continuellement : « Je veux qu'elle regarde en arrière, je veux qu'elle regarde en arrière », mais affirmez cette volition sous une forme concrète et animée. Supposez que votre « sujet » ressent un besoin irrésistible de se détourner, et, qu'il va dans un court instant accomplir ce mouvement — que vous devez « voir » par avance, nettement. Il faut en général deux à cinq minutes pour obtenir le résultat.

Lors même qu'on ne réussit pas à le déterminer, l'exercice a sur celui qui s'y adonne son plein effet.

5. Auto-Suggestion. — S'auto-suggestionner consiste à se répéter mentalement une injonction, une affirmation dans le but de l'implanter solidement dans son cerveau de manière à ce qu'elle finisse par y dominer les tendances ou éléments contraires. Dès le début des recherches entreprises sur l'hypnotisme, divers praticiens frappés de voir qu'une suggestion donnée à un sujet exerçait sur lui une influence très profonde même à l'état de veille[7]. Parmi les facteurs entrant en jeu dans la production de l'hypnose on compte l'attention expectante c'est-à-dire l'idée fixe du sujet qui s'attend à être endormi. Cet élément suffit à lui-même pour plonger dans le sommeil hypnotique un certain nombre d'individus. Dans les séances d'hypnotisme il arrive fréquemment que deux ou trois spectateurs s'endorment en regardant l'opérateur hypnotiser d'autres personnes : ils se représentent si intensément ce que doit éprouver celui que l'hypnotiseur est en train d'affecter que cette idéation détermine chez eux des effets analogues à ceux qu'éprouve le sujet de l'expérience qui s'effectue sous leurs yeux.

On sait, d'autre part, que lorsque le champ de la conscience se trouve accaparé par une seule idée cette dernière exerce une influence extraordinaire sur l'individu. Nous verrons au prochain chapitre que cette influence réagit sur les profondeurs de l'organisme et qu'elle peut y apporter soit des perturbations importantes soit la guérison de maladies réputées incurables.

Après avoir acquis une certaine faculté de concentration, l'auto-suggestion rendra donc les plus grands services.

La plus simple manière de s'auto-suggestionner — la moins agissante, aussi — est la répétition mécanique d'une formule. Par exemple de celles que nous avons recommandées au premier chapitre. Lorsqu'on commence le développement de la volonté, leur petite action est précieuse et le

---

7 Voir notre *Méthode scientifique moderne de Magnétisme, Hypnotisme, Suggestion.*

peu d'attention qu'elles demandent les mettent à la portée de tous.

Mais pour s'assurer des résultats profonds et rapides, c'est sous forme d'image qu'il convient de procéder. Pour développer, par exemple, une qualité quelconque, après avoir bien défini en quoi consiste cette qualité et tous les bons résultats qu'elle permet, il faut imaginer qu'on se trouve déjà en possession de cet attribut et se voir agissant en conséquence. Donc, ne pas se répéter verbalement ou mentalement « J'ai de la volonté » ou « J'ai de la mémoire » mais s'efforcer de vivre par la pensée différentes circonstances où nous manifestions de la volonté ou de la mémoire.

Quand il s'agit de combattre un défaut il est bon d'objectiver tout d'abord ses conséquences, puis les avantages qu'on retirera en s'en débarrassant. Ensuite, comme précédemment, on se représente différentes scènes de la vie réelle. Les diverses occasions où nous sommes victime du défaut en question peuvent être évoquées concrètement. S'y voir, chaque fois, dominant l'impulsion ou la tentation et ressentant la satisfaction de cette victoire.

C'est immédiatement avant le sommeil que l'auto-suggestion opère le plus efficacement. Même parmi les étrangers à la culture psychique un grand nombre d'individus connaissent bien le procédé avec lequel on détermine son réveil à une heure choisie. Au moment de s'endormir, la concentration de l'esprit sur le motif pour lequel on veut se lever le lendemain à tel ou tel instant suffit généralement mais entraîne une somniation un peu agitée.

Préférablement, au lieu de penser à l'opportunité de ne pas manquer le train ou le rendez-vous projeté, se représenter l'aspect des objets environnants tel qu'il sera à l'heure où l'on veut que le sommeil s'interrompe, les bruits du dehors tels qu'ils arriveront au même moment dans la pièce où l'on couche et imaginer son réveil dans tous ses détails en associant l'idée avec les précédentes. Pour terminer, lorsque l'engourdissement précurseur de l'inertie psychique commence à se faire sentir, on s'affirme plusieurs fois que le résultat désiré ne manquera pas d'avoir lieu.

Il est des auto-suggestions constantes d'où émane un puissant réconfort. Le sentiment de bien-être physique résultant de l'observance de l'hygiène rationnelle tend à affermir l'optimisme, la confiance en soi, le calme, l'énergie. Il aide à s'entretenir dans des dispositions mentales pleines d'espoir et de contentement. Il amène à l'esprit toute sortes d'idées-forces, comme par exemple : « J'arriverai à dominer toutes les difficultés ». « Je me sens déterminé à réussir ». « J'ai tout ce qu'il faut pour évoluer profitablement dans les circonstances présentes ». « Je suis sur la voie du succès ». « De jour en jour mes forces s'accroissent, mon assimilation est plus rapide et plus précise, ma volonté plus forte », etc., etc., les mots ne signifient pas grand'chose. Au cerveau de chacun les pensées précédentes viennent se formuler différemment. Il faut adhérer de toute son intelligence à ces incitations et se les rappeler au besoin.

Parfois c'est sous une forme moins directement affirmative que l'auto-suggestion s'harmonise le mieux avec la personnalité, notamment chez les timides, les hésitants, les déprimés. Ces derniers, tout en se répétant les meilleures images auto-suggestives se sentent dubitatifs quant à leur efficacité sur eux. Plus d'un nous a confié qu'il se pliait passivement aux exercices que nous lui prescrivions mais que tout en les exécutant une voix intérieure — celle du doute — lui insinuait « Tu es trop bas, trop faiblement volontaire, tu ne réussiras pas, cela n'aura d'effet sur toi, etc. ». Dans des cas semblables, la solution consiste à procéder progressivement : à substituer par exemple à l'affirmation « Je suis calme, » celle-ci : « Je me sens moins agité, de jour en jour j'éprouverai moins d'énervement et bientôt je serai devenu tout à fait calme ». De même, pour combattre par auto-suggestion une habitude invétérée, le système graduel paraît le plus sûr. On commence par se représenter moins puissant le besoin de satisfaire à l'habitude dont on veut se débarrasser en ajoutant que la manifestation même du besoin s'accompagnera d'un commencement de répugnance. On continue chaque jour en diminuant légèrement l'incitation fâcheuse et en augmentant la répulsion connexe.

A propos d'auto-suggestion nous pouvons répéter que le plus petit effort laisse dans l'esprit une trace durable. Rien ne se perd dans le domaine psychique et l'essai chancelant d'aujourd'hui prépare l'énergique et victorieuse réaction de demain.

6. Transformation des forces. — Nous avons déjà insisté sur la corrélation de l'équilibre physiologique et du développement psychique. La plupart des maladies mentales s'améliorent rapidement après quelques semaines de désintoxication. La culture de la volonté nécessite primordialement, au moins quelques quarts d'heure par jour au début, l'harmonie des fonctions organiques.

Certains psychistes vont plus loin. Partant du principe de l'unité de la force, acquis à la physique moderne, ils prétendent qu'on peut tirer de l'énergie mentale de toute source physique :

« L'élève, dit Turnbull — dans son *Cours de magnétisme « personnel* — après s'être retiré dans le silence devra se te- « nir tout droit et contracter les muscles de son corps aussi « rigidement qu'il peut le faire. Nous voilà donc en présen- « ce d'une force créée mais non employée. L'esprit de l'élè- « ve se portera avec ardeur sur le désir qui doit titre satisfait. « La force — expression — physique, c'est-à-dire la rigi- « dité de ses muscles se transformera en force — expression « — mentale ».

Dans un autre ordre d'idée, les adeptes des écoles orientales pratiquent la respiration profonde en concentrant leur esprit et leur intention d'attirer à eux les forces ambiantes et de se les incorporer. En aspirant lentement l'air, le yoghi pense : « J'absorbe les énergies éparses dans l'atmosphère ». Il conserve quelques secondes l'air inspiré dans ses poumons en pensant : « Je fixe en moi ces énergies ». Puis il exhale son souffle en se disant : « Je rejette l'air mais je conserve intégralement les forces qu'il contenait et que je me suis appropriées ».

Partout où se dépense une quantité d'activité il est possible d'en capter une partie au moyen d'un simple effort mental analogue à celui de l'absorption respiratoire. C'est, du moins, ce que nous affirment les occultistes et les théosophes.

Turnbull, enseigne dans son cours déjà cité, comment tirer de la force de ses propres désirs. La théorie de cet auteur, bien qu'audacieuse, nous semble mériter une sérieuse considération :

« Le désir sous toutes ses formes, écrit-il, est un *courant* « *mental* chargé de puissance, cette même puissance préci- « sément que l'homme magnétique exerce sur son prochain. « Quand je dis, *courant mental* je parle littéralement, je ne « me sers pas seulement d'une métaphore. Lorsque vous « cédez au désir, vous gaspillez de la force et vous dimi- « nuez, par conséquent votre puissance d'attraction. La for- « ce du désir se manifeste sous un grand nombre de *courants* « *mentaux* tels que l'impatience, la colère, le laisser-aller ou « la vanité. Ce dernier courant est de tous peut-être celui « qui affaiblit le plus. La façon de procéder est donc, aus- « sitôt que vous sentez un courant de désir, de refuser de « le satisfaire. Par cet effort conscient de votre volonté vous « vous isolez de la décharge affaiblissante. Ne vous ima- « ginez pas que cette habitude de réprimer vos impulsions « produira un état d'engourdissement par lequel le désir « sera anéanti. L'effet est contraire : les désirs acquièrent dix « fois plus de force. »

On comprend très bien, malgré quelques obscurités, la pensée de l'auteur : accumuler les énergies dont la dépense apparaît inutile c'est se constituer une sorte de *batterie mentale* — expression dont se sert Tumbull — une réserve dans laquelle on puisera pour agir et vouloir agir.

Tous les agents physiques peuvent être considérés comme des sources de réconfort mental. En activant et en régularisant les échanges, l'hydrothérapie, par exemple tonifie puissamment les nerfs et le cerveau. Les bains de soleil, les courants de haute fréquence et surtout le magnétisme physiologique ont une excellente action. Il va sans dire qu'il faut puiser à ces sources en vue d'utiliser la stimulation qu'on y trouvera à des efforts personnels de culture volitive et que nul ne saurait substituer à la mise en jeu et à l'entraînement de ses propres facultés, l'action extérieure à lui-même d'agents physiques, ou l'influence magnétique.

Indiquons pour terminer les cures complètes de naturisme telles qu'elles se pratiquent dans différents sanatoria et qui, au dire de tous ceux qui les ont essayées, opèrent une véritable rénovation physique et morale.

CHAPITRE VI

PUISSANCE DIRECTE DE LA VOLONTÉ SUR L'ORGANISME ET COMMENT L'EXERCER

1. LA VOLONTÉ ACTIONNÉE DURANT L'HYPNOSE. — 2. EFFETS PROFONDS DE L'IDÉE À L'ÉTAT DE VEILLE. — 3. CE QUE PEUT L'IDÉE RÉFLÉCHIE : UN EXEMPLE. 4. — L'ACTION CURATIVE DE L'IDÉE A ÉTÉ UTILISÉE DANS TOUS LES TEMPS. — 5. APPLICATIONS INDIVIDUELLES.

1. La volonté actionnée pendant l'hypnose. — Jusqu'à ces dernières années, seules les fibres dites « *striées* » étaient considérées comme directement dépendantes de la volonté. Les fibres dites « *lisses* » échappaient, d'après les physiologistes, à cette action. L'expérimentation hypnotique montra, dès ses débuts, que l'idée fixe imposée par suggestion influait, contrairement aux principes précédents, sur n'importe quelle région du corps. Très particulièrement frappants, dans ce sens, furent les essais de vésication par suggestion hypnotique. En voici quelques-uns que nous empruntons à la haute autorité scientifique qu'est le docteur Grasset[8] :

« Le docteur Louis Pregalmini, d'Intra, en Piémont, « ayant endormi une malade, lui suggéra qu'il lui appli- « quait un vésicatoire ; au lieu d'appliquer un emplâtre vé- « sicant, il plaça tout bonnement le papier sur lequel il « avait écrit l'ordonnance. La vésication eut lieu et la plaie « suppura pendant dix à douze jours. »

« Focachon, pharmacien à Charmes, suggère à une « femme qui souffre au-dessus de l'aine gauche qu'il se « formera une cloche au point douloureux : le lendemain « l'ampoule y était. Un autre jour, comme elle se plaignait « d'une névralgie de la région claviculaire droite, il lui fit « une suggestion semblable et il se produisit des brûlures en « tout point semblables à des pointes de feu bien formées « et laissant des escarres réelles ».

« Avec Focachon, les Docteurs Liébault, Bernheim « Liégois et Beaunis renouvellent l'expérience et constatent « dans l'étendue de 4 à 5 centimètres l'épiderme épaissi et « mortifié, d'une couleur blanc jaunâtre. Cette région de la « peau était entourée d'une zone de rougeur intense avec « gonflement ayant environ un demi centimètre de lar- « geur ».

« Bourru et Burot tracent le nom d'un sujet endormi « avec un stylet mousse sur ses deux avant-bras et lui di- « sent : Ce soir à 4 heures tu saigneras au bras sur les lignes

8 *L'Hypnotisme et la Suggestion*, par le Docteur Grasset.

« que je viens de tracer ». Sur le côté paralysé[9] rien ne se « produit. Mais sur le côté sain les caractères se dessinent « en relief et en rouge et même quelques gouttelettes de « sang perlent sur plusieurs points ».

« Mabille a déterminé par suggestion une série d'hé- « morrhagies cutanées en dessinant ainsi les lettres de son « nom sur un bras, une cuisse, un front. »

« A la Salpétrière, Charcot et ses élèves, disent Binet « et Féré, ont produit fréquemment chez les hypnotiques « des brûlures par suggestion. »

Tous les hypnotiseurs s'accordent à affirmer que la suggestion diminue et supprime même totalement la sensibilité. L'anesthésie hypnotique a été vérifiée par de très nombreux praticiens tels que Broca, Esquirol, Follin, Estaille, Eliotson, Charcot, Dumontpallier, Bérillon pour ne citer que les principales autorités. Même dans le plus léger état de l'hypnose complète tel que nous le décrivons dans notre *Méthode scientifique moderne de Magnétisme, Hypnotisme, Suggestion*, on peut obtenir par simple affirmation, l'insensibilité cutanée. Nous sommes même parvenu à provoquer à l'état de veille l'insensibilisation d'une région étendue du corps.

Plusieurs essais couronnés de succès furent entrepris à la Faculté de Nancy par le Dr Beaunis pour montrer l'influence de la suggestion sur le cœur. Les battements de cet organe, enregistrés au sphygmographe, variaient de 6 à 13

9 Il s'agit d'un hémiplégique.

pulsations à la minute sous l'effet d'une affirmation de ce que le ralentissement rythmique allait avoir lieu.

Dans un ordre d'idées analogue Marès et Hellich, nous rapporte Grasset dans son ouvrage précité, réalisèrent par suggestion des abaissements de température allant jusqu'à 34°5.

Par quel processus pareils phénomènes se produisent-ils. Très certainement par la voie vasomotrice. L'idée implantée par suggestion réagit sur le système nerveux et son action s'étend jusqu'aux ramifications de ce dernier autour des petits vaisseaux de l'appareil circulatoire. Tout le monde sait que certaines émotions provoquent un rougeoiement de la face alors que d'autres déterminent une pâleur momentanée. Le timide qui pénètre dans un milieu dissonant y ressent immédiatement une impression dont l'effet est de contracter les fibrilles vaso-motrices du visage et d'amener un afflux de sang visible à travers l'épiderme. La peur opère en mode inverse : elle occasionne un relâchement des fibrilles en question et, connexement, un reflux du sang.

La clinique hypnotique a pu constituer d'imposantes annales dans lesquelles chacun peut se convaincre de ce que l'idée suggérée, répétée, maintenue longuement dans le champ de la conscience, exerce une modification curative non seulement comme on le pense communément dans les maladies nerveuses mais aussi dans les maladies purement organiques. Troubles fonctionnels de l'estomac, de l'intestin, du cœur, et même des poumons, du rein ou du foie, tumeurs, corps fibreux, tous les cas pathologiques ont été soumis au traitement par suggestion. Le nombre des résultats positifs permet de tenir pour acquise cette vérité : la pensée agit sur l'organisme.

L'hypnose semble un état anormal et dans lequel le phénoménisme psychique paraît prendre une autorité exceptionnelle sur le phénoménisme physique. Mais nous allons voir que si dans le sommeil provoqué on a eu la manifestation particulièrement évidente de la loi d'influence du moral sur le physique, cette même loi apparaît parfois à l'état de veille avec la même netteté.

2. Effets profonds de l'idée à l'état de veille. — Nous pourrions citer des exemples frappants en puisant dans la psychologie embryologique parmi les cas où l'émotion, l'idée, l'état d'âme de la mère a eu sur l'enfant une répercussion précise. Nous préférons nous limiter à des faits d'auto-suggestion s'exerçant du cerveau de l'individu sur lui-même.

La guerre a répandu la connaissance de l'espèce de dissociation momentanée de la conscience du combattant avec sa sensibilité physique. Emporté par l'ardeur de la bataille, le malheureux frappé, même très dangereusement, de telle manière que, dans la vie ordinaire, il aurait immédiatement ressenti de violentes douleurs, ne s'aperçoit souvent de ses blessures qu'à l'écoulement de sang qu'elles lui occasionnent.

On nous a rapporté le cas d'un homme qui, après avoir reçu *dix-sept projectiles*, continua à se battre jusqu'à la fin de l'engagement où il déclara éprouver « une espèce de malaise » pour lequel on le conduisit à l'ambulance. Evacué, de là, dans un hôpital, il y mourut quelques heures après son arrivée, sans s'être plaint notablement.

Voici maintenant quelque chose de plus caractéristique.

« Une jeune mère est occupée à ranger, dans une ar-
« moire, des porcelaines dont elle a les mains pleines ; son
« petit enfant joue à terre, à l'autre extrémité de la chambre,
« près du foyer sans feu. A force de toucher au mécanisme,
« l'enfant finit par décrocher la crémaillère et le rideau de
« la cheminée menace de tomber sur le cou de l'enfant qui
« se trouve à genoux et dans la position du guillotiné, le
« rideau de la cheminée jouant le rôle de couperet. »

« C'est à ce moment, précédant immédiatement la chu-
« te du rideau métallique que la mère se retourne subite-
« ment ; elle entrevoit le danger que court son petit en-
« fant. Sous l'influence du saisissement « son sang », selon
« l'expression consacrée, « ne fait qu'un tour ». Comme
« cette femme est très impressionnable et nerveuse il se for-
« ma, paraît-il, sur le champ, *un cercle érythémateux et saillant*
« *autour du cou dans le point même où l'enfant allait être frappé.*
« Cette empreinte, dermographique au premier chef, per-
« sista assez intense et assez durable pour qu'un médecin
« venu quelques heures après put la constater. » (Cité par Duchatel et Warcollier dans leur ouvrage : *Les Miracles de la volonté.*)

Nous avons observé à l'Ecole pratique de Magnétisme, en 1915, un cas où l'action de l'idée se montrait extrêmement rapide. Le « sujet », Monsieur C... qui suivait l'enseignement de l'Ecole, et en particulier le cours d'anatomie, éprouvait une sensation de trouble à chacune des régions sur lesquelles s'exprimait le professeur.

Au cours de pathologie, l'audition de l'énoncé de tels où tels symptômes causait à Monsieur C. un malaise correspondant exactement à chacun. L'exposé d'une opération chirurgicale lui provoquait d'insupportables douleurs siégeant à la région de l'intervention dont on parlait devant lui.

On nous dira qu'il s'agit d'anomalies et qu'un individu sain ne présente pas semblables phénomènes. Ce sont précisément ces cas exceptionnels qui mettent en lumière la loi de réaction du moi-pensant sur le reste de l'organisme, loi qui reste constante pour tous, avec cette différence que chez les uns il faut une plus grande somme d'activité psychique que chez les autres pour opérer une répercussion physique précise. On a bien l'indice d'un pouvoir latent en chacun de nous et qu'il faut développer si l'on veut l'exercer volontairement et puissamment.

Certaines sectes orientales adonnées au genre de culture nécessaire pour cela ; les derviches, les fakirs, les yoghis, ont poussé jusqu'ici des limites extraordinairement étendues leur puissance sur eux-mêmes Ils affrontent le feu sans se brûler, transpercent leur chair sans paraître ressentir la moindre douleur, s'ouvrent des plaies qu'ils cicatrisent instantanément, suspendent tous les mouvements intérieurs de leur organisme puis se font enterrer pour plusieurs semaines au bout desquelles ils reviennent spontanément à la vie. Les relations abondent de scènes de ce genre dans les écrits des notabilités anglaises qui ont parcouru et observé l'Inde.

En Afrique on trouve encore certains fanatiques qui ont acquis par de longs entraînements le pouvoir de provoquer sur eux-mêmes des phénomènes tout semblables à ceux dont l'Inde nous a rendu témoin.

Voici à ce sujet quelques passages rapportés par MM. Duchatel et Warcollier dans leur ouvrage déjà cité, d'après la *Nuova Parola* de Rome, traduite par M. C. de Vesmes, le Directeur des *Annales des Sciences psychiques*.

« M. Penne demanda au marabout s'il ne connaissait « point quelque secret physique ou physiologique, si par « exemple il aurait résisté à l'épreuve du feu. Le marabout « lui répondit affirmativement : il porta aussitôt la main sur « la flamme d'une bougie qui brûlait sur la table, l'y gar- « da plusieurs minutes et l'en retira avec la peau enfumée « mais sans brûlure et sans montrer d'en avoir souffert. M. « Bastianini qui était présent, pour s'assurer si la flamme « brûlait effectivement, imagina d'essayer, en imitant le « marabout, mais il ne put garder la main sur la flamme « que durant deux ou trois secondes et l'en retira aussitôt se « sentant brûler. Le lendemain il dit à M. Penne que la main « lui faisait encore mal : la paume était un peu enflée. »

« Le deuxième cheik se leva, prit un poignard, s'en in- « troduisit la pointe dans la bouche et lui fit traverser sa « joue gauche, de manière à ce que la pointe sortit à l'ex- « térieur. Pas une goutte de sang ne jaillit, le marabout ne « manifesta aucun signe de souffrance et s'introduisit suc- « cessivement quatre poignards, un dans la joue droite, un « dans la gorge et deux dans les bras. »

« Sur un signe de nous, il se mit à extraire les deux « poignards de sa bouche, le troisième de sa gorge et les « deux autres des bras sans qu'il en sortît une goutte de « sang et qu'il restât la moindre trace de blessure. Dans « les bras seulement on vit deux petites marques comme « des ecchymoses ».

« Il se retira encore dans le fond de la chambre, se mit « le ventre à nu, prit le sabre et se le fit courir d'un côté à « l'autre de la bouche. Puis, en disant des paroles incom- « préhensibles et en sautant, il commença à se donner de « fort coups de sabre dans le ventre. A notre demande de se « donner des coups de taille et de faire courir en avant et en « arrière le sabre en appuyant la lame sur la chair, il s'exé- « cuta. Comme nous lui ordonnions de finir, on examina la « lame qui se trouva, comme auparavant, très tranchante. « Sur le ventre du marabout nous ne trouvâmes aucune « coupure, mais seulement deux lignes légèrement rouges, « toujours comme des ecchymoses, ou comme une marque « laissée par un étroit lien, une petite ficelle, par exemple. »

Le medium Home, à Londres, en 1870 montra, dans une séance où assistait Sir Russel Wallace, qu'il pouvait manipuler longuement des charbons ardents sans qu'il en résultât pour lui la moindre douleur ni la moindre trace de brûlure.

3. Ce que peut l'idée réfléchie : un exemple. — Dans tout ce qui précède, on se sent dans un domaine extra-naturel et le lecteur pourrait se demander de quelle utilité peut être pour un individu, comme lui, normal et dépourvu du temps nécessaire pour un long entraînement, le pouvoir direct de la volonté sur l'organisme. Nous désirons lui montrer que l'Occidental moderne qui vit de la vie ordinaire et qui possède une suffisante connaissance des données du psychisme, surtout s'il a commencé à cultiver sa volonté par des méthodes telles que celles qui ont déjà été indiquées dans les quatre premiers chapitres de cet ouvrage, peut exercer sur ses organes une très profonde influence.

L'auto-guérison que nous allons relater fut, il est vrai, obtenue par un homme illustre dans le monde des sciences psychiques mais son cas, absolument désespéré, présentait une difficulté inouïe, paraissant bien proportionnée aux ressources énergiques de l'éminent praticien en question : le professeur Hector Durville.

Ce dernier, atteint d'urémie brightique, se trouva, en 1913 terrassé par une pleurésie purulente, épiphénomène de son affection rénale. Plusieurs médecins diagnostiquèrent le mal et déclarèrent son incurabilité.

« Toussant continuellement, écrit Durville dans sa « *Thérapeutique psychique*, je crachais parfois un litre de pus, « de sang et de matières purulentes en une journée, et, « comme tous ceux qui m'entouraient, j'attendais absolu- « ment l'instant fatal. »

Nous-mêmes qui, à cette époque étions en rapports journaliers avec le malade et qui avions appris à avoir la plus grande confiance dans sa force magnétique, nous déplorions déjà de le voir prématurément arraché à la science, à l'admiration de ses collaborateurs et à l'affection des siens. Contre toute attente, il ne mourut pas et au bout de quelques semaines il nous annonça qu'il avait décidé d'entreprendre sa cure et qu'il se sentait absolument certain de guérir. Peu expansif, il ne s'étendit pas sur les procédés exacts qu'il comptait utiliser et les décrivit seulement plus tard dans sa brochure précitée d'où nous extrayons ces lignes :

« La pensée était toujours exclusivement orientée vers « la guérison... Avec la plus grande confiance dans le ré- « sultat que j'attendais, je pratiquais la respiration profonde « dans la mesure du possible. En appliquant les mains sur « le poumon gauche, pendant l'inspiration, je me disais « mentalement ou même à mi-voix : « J'appelle à mon se- « cours les Forces de la Nature nécessaires à la guérison » ; « en gardant l'haleine : « J'absorbe les forces curatives « pour les ajouter aux miennes » et pendant l'expiration : « J'expulse les gaz et les produits de la dénutrition ».

« Cette triple opération souvent répétée parfois pen- « dant une heure soit le jour soit la nuit m'apportait des « forces physiques et morales très appréciables qui étaient « utilisées par l'organisme et un mieux sensible en était « toujours la conséquence. »

« Je variais cette absorption auto-suggestive de plu- « sieurs manières, parfois, les deux mains appliquées sur le « poumon malade, je me disais : « J'absorbe les forces de « la nature pour guérir le poumon : — je fixe ces forces dans « l'organe qui va les utiliser ; — j'expulse les produits de la « dénutrition ».

« D'une manière analogue j'agissais sur les reins, le « cœur, l'estomac ou tout autre organe qui en avait un pres-

« sant besoin ; je cherchais aussi à équilibrer les organes l'un « sur l'autre. »

Le malade, à la grande stupéfaction de tous ceux qui furent témoins de la grande crise du début, se rétablissait visiblement et les médecins le considéraient, dit-il « comme un phénomène unique en son genre ».

Plus tard pour parachever la cure, il se livra à une action psychique précisément délimitée à la fonction rénale :

« En appliquant, dit-il, la paume de la main gauche sur « la face postérieure du rein gauche qui était le plus affecté « et de la droite sur la face antérieure, me représentant l'or- « gane le mieux possible, je dirigeais d'abord ma pensée de « l'extérieur à l'intérieur, pour le pénétrer et le saturer com- « plètement. Au bout de quelques instants, toujours avec « la pensée nettement définie je me disais mentalement ou « à mi-voix : « Du hile (partie concave) je pénètre à l'inté- « rieur par l'artère en suivant ses divisions et ses subdi- « visions jusqu'aux artérioles et je reviens par les veinules, « les subdivisions et les divisions de la veine rénale. » Ce « parcours accompli, je rentrais dans le nerf qui suit l'artère « jusqu'aux artérioles, en me disant : « Je pénètre par la « partie sensitive du nerf et suis ses divisions et subdivisions « jusqu'à leur extrémité et je reviens par la partie motrice « des nerfs. Du hile je pénètre dans le bassinet que je rem- « plis, je me concentre plusieurs fois comme pour friction- « ner les calices. De là par les tubes urifères je pénètre dans « une pyramide de Malpighy en imaginant que l'action que « je vais y exercer se communique à toutes les autres ».

Cette pratique répétée durant plusieurs mois journellement amena la complète guérison du malade qui se trouve aujourd'hui mieux portant et plus fort que jamais et dont les facultés psychiques se sont accrues par le surdéveloppement que leur a donné l'effort auquel elles furent contraintes par la maladie.

Les connaissances anatomo-physiologiques nécessaires pour s'auto-traiter de cette manière dans un cas aussi grave peuvent en principe être acquises par chacun mais, lors même qu'on n'en posséderait que quelques notions très élémentaires, qu'une monographie succincte peut indiquer, cela suffirait à essayer efficacement sur soi-même l'action auto-médicatrice de la pensée.

4. L'action curative de l'idée a été utilisée dans tous les temps. — En Chaldée, en Perse, en Égypte, chez les Grecs et les Romains on trouve dans ce que l'histoire a rapporté de l'art médical du temps, une série de pratiques ayant pour but de mettre en jeu l'imagination des malades en vue de déterminer leur guérison. Strabon, Diodore de Sicile, Jamblique, Prosper Alpini, Pausanias, ont noté les invocations par lesquelles les Égyptiens imploraient d'Isis ou d'Anubis le soulagement de leurs maux et attestent les bons effets qu'ils obtenaient.

La médecine dans les Temples fort répandue en Grèce et à Rome jouissait d'une confiance universelle. Après avoir longuement supplié les dieux protecteurs du lieu de les délivrer de leurs souffrances, les patients, nous dit la chronique, s'endormaient et un certain nombre d'entre eux s'éveillaient complètement guéris.

Des peuples primitifs, la thérapeutique mystérieuse se perpétua. Au moyen âge on l'observe chez les sorciers et, de nos jours encore dans certaines contrées, elle a ses praticiens et sa clientèle.

Faut-il s'en étonner ? « *La foi guérit* » a dit Charcot. Or la foi crée l'idée fixe, la concentration mentale involontaire et toute la vertu des recettes du Dragon rouge comme celle des prières adressées à quelque divinité que ce soit n'est autre que celle de *l'effort de la volonté tendu vers l'idée de la guérison.*

A Boston, existe une puissante association qui s'intitule *Christian Science.* Imbus d'une cosmogonie à tendance bouddhique que nous n'avons pas à examiner ici, ses adhérents réunis dans des cérémonies inspirées par leur conceptualisme métaphysique, adressent à Dieu un appel pour que la maladie qui n'est, disent-ils, qu'un déséquilibre, une inharmonie, disparaisse ainsi que l'écrit Durville[10] : « comme l'ombre d'une chambre dans laquelle on laisse pénétrer la lumière en ouvrant les volets. » Les Christian scientists opèrent quantités de cures dans lesquelles figurent une proportion imposante de cas désespérés de toutes les méthodes médicales.

Toutes les religions ont leurs lieux de pèlerinage où, comme dans les Temples de l'Antiquité, un invisible vénéré est invoqué ardemment. Le plus célèbre en France,

---

10 *Thérapeutique Psychique.*

Lourdes, est organisé avec un luxe de mise en scène dont l'effet sur l'imagination des malades est d'autant plus puissant que ces derniers sont plus fanatiques ou plus primitifs. La disposition de leur système nerveux semble également importer car ce ne sont pas toujours les plus pieux qui bénéficient du retour à la santé.

Si l'imagination passivement affectée réagit sur les états pathologiques, comment douter que cette même faculté, consciemment dirigée, orientée par la certitude expérimentale remplaçant la foi aveugle, ait sur l'organisme un pouvoir considérable.

En dernière analyse, il apparaît que le déterminant direct des effets considérés est l'image mentale — imposée par une influence extérieure ou conçue délibérément — de l'état de santé. Nous allons voir comment tirer de ce qui précède une méthode pratique d'auto-suggestion curative.

5. *Applications individuelles.* — La concentration mentale n'implique pas comme on pourrait s'y attendre une tension nerveuse fatigante et nous dirons même que le calme est la première condition qu'il faille tâcher de réaliser pour s'auto-influencer.

Qu'il s'agisse d'un malaise ou d'un trouble plus ou moins grave, étendez-vous, relâchez vos muscles et imaginez-vous ce que vous éprouvez lorsque, parfaitement bien portant, vous ne ressentez que du bien-être. Pensez à l'état de calme, représentez-vous cet état en vous affirmant vous-même, tranquillement, que vous n'allez pas tarder à le faire naître.

Pendant une dizaine de minutes, faites attention de ne pas vous laisser aller à remuer : l'immobilité par elle-même a un effet salutaire et amène l'inertie de l'impulsivité intellectuelle.

Dès qu'on s'est efforcé de rester sans mouvements durant un quart d'heure on n'éprouve plus le désir de bouger ; la représentation imaginative du bien-être atténue peu à peu la douleur, le malaise et tend à régulariser l'état fébrile.

Si vous n'avez pas les connaissances physiologiques nécessaires pour vous rendre exactement compte de ce qui se passe dans votre organisme, pour vous figurer les organes eux-mêmes, contentez-vous de songer à un mieux-être léger, mais appréciable, répétez-vous sans cesse cette fiction non seulement par une formule verbale ou mentale telle que « Je ne vais pas tarder à me sentir mieux » mais encore et surtout en vous imaginant ce que vous désirez ressentir : diminution de l'état dolore, engourdissement général agréable, somnolence, sommeil complet, etc.

La difficulté de l'auto-suggestion curative réside en la résistance opposée par l'afflux d'idées relatives au mal dont on souffre : ses inconvénients, le retard qu'il va apporter dans le travail, dans l'exécution de tel projet, l'inquiétude qu'il occasionne etc., etc... Ici il faut faire appel au raisonnement et considérer que le plus sûr moyen d'abréger la durée du temps rendu inutilisable est de se dissocier le plus complètement possible de toute autre notion que du désir de se rétablir lequel en orientant les forces intérieures, facilitera et hâtera le retour à l'état normal.

Il va sans dire que l'observance de l'hygiène reste indispensable. Autrement l'action psychique qu'on exerce sur soi rencontrerait un élément antagoniste. La certitude de s'être placé dans les meilleures conditions voulues pour déterminer un soulagement est intrinsèquement médicatrice.

Presque tous les malades éprouvent une petite amélioration — parfois même une grande — dès qu'ils ont reçu le réconfort de quelques bonnes paroles de la part de leur médecin. Lorsqu'ils ont entendu ce dernier leur dire « vous êtes atteint de tel ou tel trouble, voici les remèdes à absorber pour cela, ils ne tarderont pas à vous faire du bien, vous vous remettrez très rapidement » ou quelque chose d'analogue, une détente se produit dans leur anxiété. L'énergie qu'ils dépensaient durant l'attente angoissée du praticien demeure dès lors en eux-mêmes et ils s'en trouvent presque immédiatement revigorés.

En dirigeant sa pensée à peu près exactement à la place de l'organe malade, on peut avantageusement faire usage de la respiration et de l'absorption de l'énergie. Calmement, sans hâte, sans crainte, on aspire lentement l'air en imaginant attirer avec lui les forces éparses dans l'atmosphère; on conserve l'air inspiré un court instant en songeant qu'on fixe en soi les énergies qu'il contenait; puis on rejette le contenu des poumons en accompagnant ce dernier temps de l'affirmation que seuls les gaz et les produits de la dénutrition sont expulsés mais que l'on a conservé les éléments dynamisants absorbés.

Dès que les efforts fatiguent on les suspend pour se livrer à l'isolement, puis on recommence à orienter son activité psychique vers la région intéressée en s'entretenant dans l'idée qu'elle va bientôt recouvrer son étal normal.

Durville recommande de parler à ses organes[11] comme à des serviteurs familiers, de leur donner doucement et avec persistance l'ordre de fonctionner convenablement : « Plusieurs fois par jour, écrit-il, surtout le soir au lit avant « de vous endormir et, pendant la nuit dans vos moments « d'insomnie, isolez-vous pour ne penser à rien[12] détendez « vos muscles et dans cet état de calme apparent, parlez à « vos cellules, à vos organes et à l'ensemble de votre orga- « nisme pour le calmer ou l'exciter selon les besoins et vous « serez tout étonné de sentir qu'ils vous obéissent et s'exci- « tent ou se calment selon votre désir. Pour cela parlez-leur « comme vous parleriez à une personne familière qui serait « placée devant vous. Veuillez guérir cette personne ou ces « organes par l'action de la pensée et sous cette action il se « produit une sorte d'induction qui agira immédiatement « sur eux. »

Dans les maladies aiguës où la première crise est suivie d'une dépression persistante et d'une semi inconscience, on manque des ressources énergétiques voulues pour s'autosuggestionner mais on peut cependant tâcher de chasser les pensées de découragement, de tristesse, d'anxiété, de crainte pour leur substituer des idées inverses.

Comme nous le disions plus haut, un certain entraînement préalable de la volonté facilite l'influence du moral

---

11 *Thérapeutique Psychique.*

12 Il s'agit du genre d'isolement décrit page 101.

sur le physique en cas de maladie. Nous ajoutons que dès que le développement psychique atteint un degré moyen, il se produit une sorte de dissociation du moi avec les impressions et sensations qui lui viennent. Un peu comme un spectateur, on assiste à ce qui se passe en soi sans y prendre entièrement part. Le « moi » semble sous l'action de la maladie comme un roi immobilisé par ses serviteurs mais gardant sur eux assez d'ascendant pour les ramener promptement à le délivrer.

Dans les affections chroniques de longue durée des répits plus ou moins prolongés laissent au patient tout le temps nécessaire pour étudier son cas dans un traité de pathologie, pour le bien comprendre et pour l'auto-traiter avec la plus grande précision au moyen de représentations mentales bien nettes.

L'exemple que nous avons rapporté montre ce qu'on doit attendre de cette méthode. D'ailleurs même chancelant, l'effort de la pensée ou du moins de la volonté pour orienter sa pensée vers l'idée de soulagement et de guérison détermine toujours des résultats suffisants pour établir la foi dans la thérapie autosuggestive.

CHAPITRE VII

PUISSANCE DIRECTE DE LA VOLONTÉ SUR LES AUTRES

1. LES POUVOIRS LÉGENDAIRES DES MAGES. — 2. LES THÉORICIENS DE PSYCHISME AUX XVIe ET XVIIe SIÈCLES. — 3. LES GRANDS MAGNÉTISEURS. — 4. LES FAITS MODERNES DE COMMUNICATION DE PENSÉES. — 5. LA SUGGESTION MENTALE. — 6. ANALYSE DES FAITS. — 7. ENTRAÎNEMENT PRÉALABLE À L'EXPÉRIMENTATION. — 8. MÉTHODES DIVERSES. — 9. INSTRUCTIONS POUR L'USAGE COURANT DE LA TÉLÉPSYCHIE.

1. Les pouvoirs légendaires des Mages. — La Magie est communément définie « art supposé d'accomplir des prodiges contrairement aux lois de la nature ». Cependant, qui veut parcourir les œuvres de l'école néo-occultiste contemporaine: des Wronski, Lacuria, Saint-Yves, d'Alveydre; Eliphas Levi, Stanislas de Guaita, Encausse, Péladan et quelques autres, y trouve, étayé par une documentation sérieuse, l'affirmation de ce que l'Antiquité a connu le secret d'un développement psychique conférant un réel pouvoir d'ascendant volontaire sur autrui.

« La Magie chez les Perses était un sacerdoce dont « la pratique était confiée à des savants, à des sages qui « recevaient la qualification de mages. Le mot magie évo- « que donc l'idée de grandeur, de majesté. La science oc- « culte n'était enseignée qu'au fond des sanctuaires dans « le secret le plus absolu, aussi le manuel opératoire devait « fatalement disparaître avec les anciennes civilisations. Les « historiens, les philosophes, les médecins, les poètes citent « des faits nombreux; les tablettes couvertes d'inscriptions, « les ex-voto suspendus aux murailles des temples, les hié- « roglyphes des bas-reliefs et les divers monuments échap- « pés aux rayages des temps et aux coups des guerriers nous « font savoir que les pratiques mystérieuses de l'occultisme « étaient répandues partout, surtout en Egypte, aux Indes, « en Perse, en Chaldée et en Grèce[13] ».

Au premier siècle de notre ère existaient encore deux étranges physionomies d'initiés : les derniers probablement auxquels soit parvenu dans son intégrité le savoir des vieux temples : Appolonius de Thyane et Simon-le-Magicien. Le premier, réputé pour sa puissance, a eu comme historiographe Philostrate qui raconte ainsi l'un des mille phénomènes auxquels Appolonius dut sa renommée :

« Une jeune fille nubile passait pour morte, son fiancé « suivait le lit mortuaire en poussant des cris comme il ar- « rive quand l'espoir d'un hymen a été trompé et Rome tout

13 Durville et Jagot — *Histoire raisonnée du Magnétisme.*

« entière pleurait avec lui, car la jeune fille était de famille « consulaire. Appolonius s'étant trouvé témoin de ce deuil « s'écria : « Posez ce lit, je me charge d'arrêter vos larmes ». « Et il demanda le nom de la jeune fille. Presque tous les as- « sistants crurent qu'il allait prononcer un discours comme « il s'en tient dans les funérailles pour exciter les larmes. « Mais Appolonius ne fit que toucher la jeune fille et pro- « noncer quelques mots et aussitôt cette personne qu'on « avait cru morte parut sortir du sommeil. Elle poussa un « cri et revint à la maison paternelle comme Alceste rendue « à la vie par Hercule ». (*Appolonius de Thyane, sa vie, ses voyages, etc.* Traduits par Chassang, 1862, page 184).

Simon le Magicien, avons-nous écrit avec Hector Durville dans notre *Histoire raisonnée du Magnétisme*, un des fondateurs de la philosophie gnostique, acquit également une réputation très étendue en opérant comme le Christ et ses apôtres, dont il était contemporain, des prodiges et des guérisons nombreuses, mais malgré sa puissance il laissa entrevoir qu'il croyait celle des apôtres supérieure à la sienne, car, à prix d'argent, il voulut acheter à Pierre le secret des propres pouvoirs de ce dernier, d'où le nom de Simonie donné depuis au trafic des choses saintes. Une statue lui fut élevée avec cette inscription : *Simoni Deo.*

Les invocations, conjurations, imprécations, bénédictions, malédictions, en usage chez les anciens, proférées avec la foi qui soulève les montagnes, à défaut du savoir précis réservé aux privilégiés du sacerdoce, apparaissent comme des moyens primitifs de *mettre en œuvre les forces intimes projetées par la volonté.*

Cette conception fut partagée par nombre de penseurs de toute époque. « Une âme, dit Gœthe, peut par sa seule « présence agir fortement sur une autre âme. Nous avons en « nous comme des forces électriques et magnétiques pa- « reilles à l'aimant lui-même ; suivant que nous venons en « contact avec des corps semblables ou dissemblables nous « attirons ou nous repoussons ».

2. Les théoriciens du psychisme aux XVIe et XVIIe siècles. — Les principales clés du pouvoir de la volonté tel que l'ont exercé les anciens, semblent irrémédiablement perdues depuis les premiers siècles de notre ère. De loin en loin, quelques esprits intuitifs ont néanmoins perçu la réalité de l'action exercée, même à distance, par l'être humain sur ses semblables.

Marcilius Ficin[14] affirme que « l'esprit étant agité de « violents désirs peut agir non seulement sur son propre « corps mais encore sur un corps voisin, surtout si ce corps « est uniforme par sa nature et s'il est plus faible ».

Pomponace[15] soutient une thèse semblable : « l'âme « opère en modifiant les corps au moyen d'émissions flui- « diques qui ont la propriété d'agir à distance. Elles n'ont « pas la même puissance chez tous les individus ; autrement « dit il y a des hommes qui possèdent à un très haut degré « le pouvoir d'agir sur leurs semblables tandis que d'autres « en sont complètement dépourvus. L'âme exerce son em-

---

14 (1403-1409) *Œuvres complètes* en 2 vol. in-folio. Bâle 1651.

15 (1462 - 1525) *De naturalium affectuum admirandorum cansis seu der incantationbus.* Bâle, 1517.

« pire par la transmission de certaines vapeurs extrême-
« ment subtiles qu'elle envoie aux autres ».

Agrippa[16], dont la réputation de magicien fut colossale, écrit : « Les passions de l'âme, qui suivent la fantaisie « quand elles sont violentes peuvent non seulement chan- « ger le corps propre mais encore elles s'étendent jusqu'à « opérer sur un corps étranger, de façon qu'il se produit ain- « si de merveilleuses impressions dans les éléments et dans « les choses. Il ne faut pas s'étonner que l'esprit puisse agir « sur le corps et l'âme d'un autre ».

Dans notre *Histoire du magnétisme,* déjà citée, le lecteur désireux de poursuivre l'étude de cette documentation trouvera un ensemble de nombreux faits et d'opinions analogues aux précédents.

3. Les magnétiseurs. — Depuis Paracelse qui guérissait à distance jusqu'à Du Potet, auteur d'un véritable cours d'influence psychique à distance, publié sous le titre de *La Magie dévoilée*[17], tous les magnétiseurs ont connu et apprécié l'action propre de la volonté.

Mesmer provoquait des crises chez ses sujets en se tenant caché dans une pièce voisine et en agissant au travers de la muraille. Dans son récent et admirable ouvrage *La mort et son mystère*, M. Camille Flammarion raconte, d'après le Docteur Kerner, comment à la Cour de Hongrie Mesmer fut mis en demeure par le savant Seiffert de repro-

16 (1426 - 1435) *Philosophie occulte.* La Haye, 1727.

17 *La Magie dévoilée ou Principes de Sciences Occultes*, M. le baron Du Potet, Unicursal 2019.

duire l'expérience précédente et comment il y réussit à la grande stupéfaction de ce dernier.

De Puységur suggestionne mentalement ses somnambules et sépare soigneusement, dans ses théories, le magnétisme propre à l'organisme de l'influence psychique mise en jeu par la volonté.

Du Potet, déjà cité, opère des guérisons à distance. Enfin Durville, beaucoup plus expérimenté que les précédents en ce qui concerne l'action de la volonté à distance, soutient hardiment avec les occultistes et les théosophes que toute pensée s'extériorise de son émetteur pour aller agir sur celui auquel elle se rapporte.

4. Les faits modernes de communications de pensée. — Dans notre *Méthode scientifique moderne de Magnétisme, Hypnotisme, Suggestion*, nous en avons rapporté un certain nombre. Les exemples abondent tellement, de pareils phénomènes, qu'ils ne sont presque plus mis en doute par personne. Chaque jour, de nouveaux documents viennent s'ajouter à la masse de ceux que l'on a déjà réunis. M. Camille Flammarion, auquel revient l'honneur de s'être livré, le premier, à une enquête systématique sur la matière, du moins en France, apporte dans son ouvrage déjà cité une nouvelle contribution à l'étude de la télépathie.

Pour ceux de nos lecteurs qui n'ont pas encore donné leur attention à ce sujet, voici deux extraits des observations publiées par M. Flammarion :

D'abord une relation communiquée par M. le Docteur Poirson, de Passavant :

« I. — Il y a deux mois, me trouvant à Belfort, je me « mis à penser brusquement et avec une intensité singulière « à un de mes confrères du Jura auquel je ne songe pas une « fois par an... Quelques minutes après je me trouvais face « à face avec lui à un carrefour et comme il venait à bicy- « clette par une rue perpendiculaire il était impossible que « je l'eusse vu auparavant, de loin. »

« II. — Médecin de profession, je suis exposé à être « souvent dérangé la nuit. Il passe pas mal de monde de- « vant ma porte : S'il vient une personne qui doit sonner à « ma porte, je me réveille moi-même alors qu'elle n'est qu'à « une vingtaine de mètres de ma maison : je sais d'avance « qu'elle va sonner. »

« Je l'ai constaté, non une fois mais une centaine de fois « depuis douze ans. »

Second cas de communication de pensée, en rêve cette fois :

« Le 9 janvier 1909, j'étais venu aux Montiers passer « quelques heures avec mes parents que je laissais en bonne « santé. Quelques jours après ma mère me donnait de ses « nouvelles et de celles de mon père : ils allaient bien. »

« Dans la nuit du 30 au 31 janvier je rêve que j'arrive « chez mes parents. Dans le salon je vois une foule penchée « sur un lit improvisé, j'écarte les personnes qui entouraient « le lit et je vois mon père mort étendu sur un matelas posé « sur des tréteaux.

« Le lendemain j'apprenais que mon père s'était trouvé « indisposé la veille au soir à onze heures et était mort à « cinq heures et demie, précisément au moment où j'avais

« eu ce sinistre cauchemar : on l'avait étendu sur un lit sem-
« blable à celui sur lequel je l'avais vu en rêve et dans le
« salon comme l'apparition me l'avait montré. »

Nous répétons que c'est par milliers qu'il a été réuni des faits semblables, lesquels montrent bien que parfois, sans intention délibérée, la pensée d'un être se communique à un autre et s'impose à son attention.

5. La suggestion mentale. — Les prolégomènes de l'hypnotisme moderne ne paraissent pas s'être souciés de la possibilité de faire exécuter leurs suggestions en les formulant exclusivement dans leur pensée. Le professeur Ch. Richet, le premier à notre connaissance, eut l'idée d'endormir à distance certains de ses sujets d'hôpital et y réussit d'emblée. Un peu plus tard, le Docteur Ochorowicz, de l'Université de Lemberg, effectua une série d'expériences et de recherches sur la suggestion mentale. Dans notre *Méthode scientifique moderne de Magnétisme, Hypnotisme, Suggestion*, nous avons reproduit d'après ce dernier, la relation des expériences, dites du Havre, si concluantes[18]. Voici, maintenant, l'exposé de quelques-uns des essais tentés par Ochorowicz.

Placé à plusieurs mètres d'un de ses sujets et feignant d'être occupé à écrire, il donne à ce sujet une série d'ordres qui obtiennent les effets suivants :

« 1° *Lever la main droite.*

« (Il regarde le sujet à travers les doigts de la main gauche appuyée sur le front).

18 Voir également notre *Méthode d'Hypnotisme à distance, de transmission de la pensée et de suggestion mentale.*

« 1re minute : action nulle.

« 2e minute : agitation dans la main droite.

« 3e minute : l'agitation augmente, la malade fronce les « sourcils et lève la main droite.

« 2° *Se lever et venir à moi.*

« Il la reconduit à sa place sans rien dire.

« Elle fronce les sourcils, s'agite, se lève lentement, et « avec difficulté, vient à lui, la main tendue.

« 3° *Retirer le bracelet de la main gauche et me le passer.*

« Action nulle.

« Elle étend sa main gauche, se lève et se dirige vers « une spectatrice... puis vers le piano.

« Il touche son bras droit et, probablement il le pousse « un peu dans la direction de son bras gauche, en concen- « trant sa pensée sur l'ordre donné.

« Elle retire son bracelet, semble réfléchir et le lui « donne.

« 4° *Se lever, approcher le fauteuil de la table et s'asseoir à « côté de nous.*

« Elle fronce les sourcils, se lève et marche vers lui. « Je « dois encore faire quelque chose », dit-elle.

« Elle cherche... touche le tabouret, déplace un verre « de thé.

« Elle recule, prend le fauteuil, le pousse vers la table « avec un sourire de satisfaction, et s'assied en tombant de « fatigue. »

Comme tous les cas de transmission spontanée de la pensée, les documents ne manquent pas sur la suggestion mentale et il faudrait dix volumes comme celui-ci pour réunir les principaux. Qu'on ne suppose pas que nous choisissons parmi les plus extraordinaires ceux que nous reproduisons ici : nous les prenons, au contraire, tout à fait au hasard. Dans la masse des exemples vérifiés — non pas par des expérimentateurs professionnels — mais par des chercheurs indépendants, relevons celui qui suit, tel que nous le rapporte M. Flammarion. Il est dû à un confrère de ce dernier, M. Schmoll.

« Le 9 juillet 1887, par un temps chaud et orageux, je « faisais ma sieste en me balançant dans un hamac suspen- « du dans ma salle à manger et en lisant une brochure de « M. Edm. Gurney. Il était 3 heures de l'après-midi. Non « loin de moi reposait ma femme, dans un fauteuil ; elle « dormait profondément. En la voyant ainsi, la pensée me « vint de lui intimer *mentalement* l'ordre de se réveiller. Je « la regardai donc fixement et, concentrant toute ma volonté « sur un ordre impératif, je lui criai par la pensée : « Réveille- « toi ! Je veux que tu te réveilles ! ! ! » Trois ou quatre minutes « s'étant passées sans que j'eusse obtenu le moindre résultat « — car ma femme continuait de dormir paisiblement —, « je renonçai à l'expérience, me disant qu'après tout j'aurais « été fort étonné de la voir réussir. Je la repris, pourtant, « quelques minutes plus tard, sans plus de succès que la « première fois. Là-dessus, je me remis à lire, et j'eus bien- « tôt complètement oublié ma tentative infructueuse.

« Tout à coup, dix minutes plus tard — ma femme se « réveille, se frotte les yeux et, me regardant d'un air surpris « et quelque peu ennuyé. « Que me veux-tu ? Pourquoi « donc me réveilles-tu ? » me dit-elle.

« — Moi ? je ne t'ai rien dit.

« — Mais si ! Tu viens de me tourmenter, pour que je me lève.

« — Tu plaisantes ! je n'ai pas ouvert la bouche.

« — Aurai-je donc rêvé ? fit-elle en hésitant. Tiens, « c'est vrai, je me souviens maintenant ; j'ai simplement « rêvé cela.

« — Voyons, qu'est-ce que tu as rêvé ? c'est peut-être « intéressant, fis-je en souriant.

« J'ai eu un rêve fort désagréable, reprit-elle... Je me « voyais au Rond-Point de Courbevoie. Il faisait du vent, « et le temps était lourd. Tout à coup, je vis une forme hu- « maine (était-ce une femme ou un homme ?) enveloppée « d'un drap blanc, rouler au bas de la pente. Elle faisait de « vains efforts pour se relever : je voulais courir à son secours, « mais je me sentis retenue par une influence dont je ne me « rendais pas compte d'abord, et je finis par comprendre « que c'était toi qui voulais absolument me faire abandon- « ner les images de mon rêve. « Allons, réveille-toi », me « criais-tu avec force. Mais je te résistais et j'avais parfaite- « ment conscience de lutter victorieusement contre le ré- « veil que tu m'imposais. Pourtant, quand je me suis ré- « veillée, tout à l'heure, ton ordre : « *Allons ! réveille-toi !* » « sonnait encore à mes oreilles ».

« Ma femme fut fort étonnée d'apprendre que je lui « avais réellement commandé par la pensée de se réveiller. « Elle ne savait pas quel livre je lisais, et les problèmes psy- « chiques ne l'ont jamais beaucoup intéressée. Elle n'a ja- « mais été hypnotisée, ni par moi, ni par d'autres ».

Un procès verbal daté du 9 janvier 1886 et signé du Docteur A. Liébeault et du célèbre auteur de la « *Clef de la Magie noire* », Stanislas de Guaita, certifie la réalité du succès complet de différentes suggestions données mentalement par l'un et l'autre des signataires à un sujet endormi du sommeil somnambulique provoqué. Par exemple M. de Guaita ayant pensé, en s'adressant mentalement au sujet : « Reviendrez-vous la semaine prochaine », ce dernier répondit « Peut-être » Guaita pria alors le sujet de lui dire à quelle question elle répondait : « Vous m'avez demandé, répliqua le sujet, si vous reviendriez la semaine prochaine ». La petite confusion survenue dans l'interprétation de l'interrogation posée, montrerait que celle-ci fut perçue *littéralement*.

6. Analyse des faits. — Il semble se dégager assez clairement de ce qui précède que la pensée de l'individu peut influer sur celle des autres, et la modifier dans un sens déterminé. Toute la question, pratiquement parlant, est de savoir si on doit généraliser cette loi et en tirer une conclusion applicable à la réalisation de nos objectifs, si, notamment, il est possible d'exercer délibérément sur un tiers une influence à distance.

Observons que dans tous les cas de communication de pensées ou de suggestion mentale l'un ou l'autre des éléments suivants apparaît constamment :

Soit, de la part de l'individu dont l'action mentale s'est transmise, *un état d'âme particulièrement vibrant, énergique, intense, concentré*: émotion due à un accident, à l'imminence de sa mort, effort volontaire de l'expérimentateur, etc.

Soit *une réceptivité momentanément exceptionnelle* de la part de la personne atteinte à distance par la pensée de l'autre (sommeil naturel ou provoqué par exemple).

Nous voyons donc se concilier fort bien les données de la science dite occulte, laquelle prétend que tous nos états d'esprit, toutes nos idées, tous nos désirs, toutes nos volitions s'extériorisent de nous et tendent à se répercuter dans les mentalités intéressées, et les observations des modernes qui ont porté, en somme, sur les phénomènes extérieurs susceptibles de rendre évidente l'action psychique à distance.

De ce que nous ne percevons pas l'invisible influence des cerveaux qui pensent à nous, il ne s'ensuit pas que par une lente infiltration cette influence ne nous affecte. De ce que la tension psychique d'une personne de caractère faible, insuffisamment volontaire, tenace, résolu, n'en domine pas une autre fermement déterminée par des motifs impérieux à agir d'après ses propres inspirations, il faut conclure que le phénomène télépsychique n'a pas trouvé les conditions indispensables à son complet aboutissement. La réceptivité, surtout établie par la sympathie, l'affection, la similitude d'idées, accorde deux mentalités de telle manière que, sans effort spécial ni de l'un, ni de l'autre, une interprétation spontanée des vibrations de l'un a parfois lieu chez l'autre. Inversement, de même que deux hommes parlant un dialecte différent ne sauraient se comprendre, deux caractères présentant des différences foncières émet-tent des pensées trop radicalement dissemblables pour que leurs mouvements ondulatoires respectifs se puissent intercommuniquer.

De la simple communication, nous devons différencier l'impérative influence, l'irrésistible ascendant de la volonté de certains sur des personnalités psychiquement plus faibles. Là, ce n'est plus l'analogie de deux tons de mouvement qui explique le phénomène, mais la supériorité de l'intensité volitive des dominateurs sur les dominés. Tout l'entraînement exposé par les livres de magie tend à créer cette supériorité d'après des principes précis, c'est-à-dire à habituer l'adepte à vouloir nettement, longuement, fortement. « Un caractère énergique, volontaire ou passionné émet de fortes pensées, agissantes », écrivons-nous dans un précédent ouvrage[19]. « Des directives arrêtées, des principes solides, beaucoup de détermination rendent invulnérable à l'influence mentale des autres. »

*7. **L'entraînement préalable.*** — S'il s'agit de se livrer à des expériences de télépsychie, d'entreprendre une prise d'influence sur un individu déterminé, on se reportera à notre *Méthode scientifique moderne de Magnétisme, Hypnotisme, Suggestion* où on trouvera une série d'exercices gradués, spécialement combinés en vue de l'obtention des phénomènes précités. Pour l'application à la vie courante de l'influence directe de la volonté sur les autres, on ne saurait mieux se préparer qu'en s'adonnant aux pratiques mentionnées dans

19 *Psychologie de l'Amour.*

le chapitre précédent. En effet, ces pratiques, indépendamment de l'effet propre à chacune d'elles, créent peu à peu l'habitude de penser et de vouloir nettement, également, avec continuité et énergie. Cette éducation de la volonté développe l'intangible magnétisme psychique de l'individu et, sans qu'il ait à faire quoi que ce soit de spécial en vue de s'imposer, lui confère une sorte d'ascendant général.

Chercher à exercer une emprise sur un tiers avant une longue culture psychique homogène, ce serait gaspiller ses forces mentales à son propre désavantage : en effet, la dépense énorme nécessitée par cette tentative, entraînerait une dépression correspondante et laisserait insuffisamment armé pour les autres efforts, comme pour s'isoler des influences environnantes.

Chacun, tant dans un but récréatif que pour vérifier la réalité de l'action à distance de la volonté peut, néanmoins, se livrer aux quelques tentatives ci-après, qui n'ont aucun inconvénient ni pour l'opérateur, ni pour le sujet.

I. — Vous avez écrit à quelqu'un dont la réponse se fait attendre et il vous vient à l'esprit de la lui réclamer. Au lieu d'envoyer une seconde lettre, suggérez-lui de vous donner satisfaction.

Pour cela, prenez une position confortable, et imaginez-vous voir votre correspondant en train de vous écrire. L'image mentale ne se forme pas en quelques secondes ; il faut ramener plusieurs fois son attention pour la fixer sur cette idéation, mais après quelques efforts, on y parvient fort bien. Dix à quinze minutes de cette contemplation suffisent pour assurer un résultat.

II. — Dans la rue, quand vous voyez venir à vous une personne, suggérez-lui de quel côté vous voulez qu'elle vous croise. Comme précédemment, ne vous bornez pas à une injonction, mais représentez-vous concrètement le sujet, comme poussé par une impulsion irrésistible vers votre droite, ou vers votre gauche.

III. — De votre fenêtre, fixez une personne du plus loin que vous l'apercevez, en veuillant fortement qu'au moment où elle passera à l'endroit de votre demeure, elle lève la tête et vous regarde. Il va sans dire que cet essai peut être réussi sans que la fenêtre soit ouverte et qu'on puisse vous voir du dehors.

IV. — L'expérience inverse peut également servir d'exercice, en prenant soin de ne pas lever la tête, ni attirer l'attention par quelque manifestation extérieure.

V. — Dans un véhicule public, tout en paraissant attentionné à la lecture d'un imprimé quelconque, dirigez toute votre énergie vers un de vos voisins, de côté ou de face — peu importe qu'il soit proche ou éloigné — en lui intimant l'ordre de vous regarder, ou du moins, de tourner la tête de votre côté. Réitérez plusieurs fois cette opération, afin d'être certain que le hasard n'est pour rien dans les mouvements de votre sujet. Lorsque vous tomberez sur quelqu'un assez vite influencé, poursuivez votre expérience en la variant. Si le sujet tient quelque objet à la main, représentez-vous mentalement le mouvement que devrait faire cette main pour que l'objet s'en échappe et, répétant continuellement, calmement, énergiquement cette fiction, vous la verrez se réaliser.

VI. — Lorsqu'on s'interrompt en vous parlant, comme pour chercher une expression, suggérez-en une, appropriée, non pas en formant l'image mentale de son graphisme, mais en vous rappelant ses assonances. Cet essai au cours d'un entretien, d'un cours, d'une conférence, donne des résultats surprenants. A ce sujet, observons qu'il arrive fréquemment qu'aussitôt qu'un de nos familiers nous adresse une phrase, nous soyons frappé de la similitude de sa pensée avec la nôtre et que nous l'exprimions en disant « *ce que vous me dites là j'y pensais* ».

VI — Auprès d'un malade de l'état duquel on a pu se faire une idée à peu près exacte, maintenons notre pensée sur l'idée de soulagement en faisant appel à toute la compassion qu'il nous inspire. Emettez des pensées de calme, de bien-être, d'atténuation progressive des troubles. Le patient sera toujours influencé par cette action mentale et parfois à un degré considérable.

Nous pourrions multiplier les indications d'exercices de ce genre, mais l'ingéniosité du lecteur lui en suggérera suffisamment d'autres.

8. Méthodes indiquées par divers auteurs. — Les règles du développement de la volonté restent À peu prés les mêmes dans tous les « cours » ou traités publiés sur la question. Les méthodes préconisées pour projeter son influence mentale sur les autres varient, au contraire, avec les auteurs. Durville considère qu'en s'entretenant dans des dispositions calmes, bienveillantes, optimistes, énergiques, on attire à soi les individualités susceptibles de nous être utiles et que nous repoussons celles qui pourraient nous nuire. D'après lui, chacun doit se préoccuper presque uniquement de développer sa force mentale et de lui donner une bonne orientation sans chercher à s'en servir pour influencer spécialement quelqu'un. A un certain degré de culture nous exercerions alors, nous dit-il en substance, une action attractive sur tous ceux qui auraient à faire à nous, cela, sans intention particulière à chacun d'eux.

Turnbull recommande tout d'abord la « photographie mentale » qui consiste à écrire ce que l'on veut sur un papier et à contempler ce dernier. Par exemple vous avez une contestation avec Monsieur X... Afin de tenter de faire naître dans l'esprit de ce dernier les pensées susceptibles de modifier son avis, vous écrivez sur une grande feuille : « Je veux que Monsieur X... change d'avis au sujet de telle affaire ». Vous placez l'écriteau en face de vous et vous vous absorbez dans la répétition du sens des paroles que vous avez transcrites.

Le même auteur affirme que le principe de transformation des forces dont nous avons déjà parlé, s'applique efficacement à la suggestion à distance. Ainsi après avoir contracté vos muscles et en les détendant, vous exprimez mentalement l'intention de voir la force-expression physique ainsi créée se transformer en force-expression mentale et se projeter de vous à la personne sur laquelle vous désirez agir[20].

---

20 (Relisez page 113).

La Motte-Sage prescrit d'employer pour aider la concentration mentale la fixation du centre d'une carafe remplie d'eau. Filiâtre préconise une pratique analogue avec un globe de cristal.

Toutes ces méthodes ont leur valeur et, parmi les nombreux individus qui nous ont dit avoir utilisé l'une ou l'autre, fort peu ont manqué d'obtenir des résultats. A notre avis elles sont cependant susceptibles d'une mise au point.

Ainsi pour l'ensemble de ce qui vous intéresse, la méditation préjournalière indiquée dans un précédent chapitre et dans laquelle vous passez en revue successivement les différents individus figurant dans votre existence, vous fournit une excellente occasion d'exercer sur eux une influence méthodique. Nous croyons avoir montré que la netteté des volitions, la persistance avec laquelle on les soutient, et l'intensité du désir qui les accompagne sont les conditions essentielles de leur efficacité. Mais la principale de ces trois qualités est certainement la persistance. Aussi, en répétant journellement l'affirmation de ce que l'on veut on arrive peu à peu à diriger, dans une certaine mesure, l'attitude à notre égard de ceux qui font l'objet de nos pensées.

Au cours des méditations générales, si l'on s'applique à définir très précisément, en détail, les plans que l'on envisage on émet certainement des vibrations qui agissent sur ceux qui à un titre quelconque ont rapport avec nos projets.

Plus généralement encore, en s'entretenant dans les dispositions énergétiques sur lesquelles nous nous sommes étendu dans la première partie de ce volume : Confiance en soi, détermination à réussir, auto-contrôle, patiente activité, etc., etc., on agit constamment sur les autres dans un sens profitable.

*9. **Résumé et Instruction pour l'usage courant de la télépsychie.** — L'action à distance de la pensée.* — Les états d'âme intenses, les pensées ardentes, soutenues, volontaires, agissent invisiblement, à n'importe quelle distance, sur ceux qui en sont l'objet. Ce fait a été connu par un certain nombre de savants à toutes les époques de l'Histoire et dans tous les pays. Aujourd'hui il est étudié par les plus hautes notabilités scientifiques : Edison, Crookes, Boirac, Ch. Richet. Flammarion, Maxwell ont publié des travaux sur la question.

Une sorte de télégraphie psychique. — Comme pour la plupart des découvertes, la science libre a devancé la science officielle en matière de télépsychie. Un volume récemment paru du même auteur[21] traite de la question avec une précision rigoureuse. La présente instruction a pour objet de donner à ceux qui ne veulent pas se livrer à une étude complète des sciences psychiques des indications simples et pratiques pour agir à distance.

L'activité mentale (émotionnelle ou raisonnante) dégage une forme d'énergie nommée « force psychique » qui transmet sous forme de mouvements ondulatoires analogues aux ondes hertziennes la modalité exacte de nos pensées à l'extérieur de nous-même. Cette transmission a lieu

21 *L'Hypnotisme à distance, la transmission de la pensée et la suggestion mentale.*

circulairement autour de la personne à qui l'on pense et tend à éveiller chez elle des pensées analogues.

Si vous pensez qu'X... devrait vous écrire, cette pensée s'accompagne d'un dégagement d'énergie psychique qui se propage jusqu'à rencontrer X... et à susciter dans sa matière mentale des vibrations que sa conscience percevra sous forme d'une incitation à vous écrire.

Supposons qu'au moment où il reçoit l'incitation X... soit préoccupé par autre chose : il n'obéira peut-être pas à votre suggestion *mais si vous la réitérez énergiquement, longuement et fréquemment elle s'imposera implacablement à lui.*

Pour influencer une personne à distance, pour lui suggérer des émotions, des désirs, des sentiments, des idées, etc., il ne suffit pas d'en avoir l'intention et d'y songer d'une manière désordonnée (car alors vos vibrations mentales sont trop fugitives et trop diverses pour s'imposer), il faut faire un effort pour concentrer toute son énergie mentale sur ce que l'on veut, durant un certain temps journalier. Cette instruction va vous expliquer cela point par point.

De plus il faut disposer d'une réserve de force nerveuse assez considérable pour pouvoir soutenir fixement et longuement les représentations mentales mises en activité.

Dépenses inutiles. — La plupart d'entre nous se trouvent portés à éparpiller leurs forces psychiques, à penser à de trop nombreuses choses différentes. Même en pensant à une même chose nous sommes portés à la voir sous toute sorte d'aspects. C'est pourquoi il nous semble que nos volontés n'ont pas d'action par elle-même.

D'autre part, nous dépensons inutilement notre force nerveuse, ce qui anémie le potentiel de la volonté. Nous allons voir comment : 1° accumuler cette force ; 2° la projeter utilement, efficacement.

Surproduction de la force nerveuse. — La force nerveuse s'élabore dans la masse du sang. Par conséquent si vous désirez pratiquer l'influence à distance il faut avant tout vous conformer à tout ce qui a été indiqué au chapitre II pour augmenter le « tonus » vital et enrichir le sang. Une alimentation rationnelle, une respiration active et une bonne circulation sont les trois piliers de la force mentale. Si ces trois fonctions sont assurées parfaitement l'organisme produira une grande quantité de force nerveuse et la pensée sera aisément soutenue et énergique.

Suppression des dépenses inutiles. — Toute manifestation d'expansivité constitue une dépense de force nerveuse. Veillez donc tout d'abord à contenir vos mouvements expansifs. Concentrez-vous en vous-même. Ne cédez pas au besoin de vous confier, de faire part à d'autre de vos états d'âme, de vos soucis, de vos opinions, etc. Ceci est certainement naturel et agréable mais en y satisfaisant vous dépensez sans le moindre profit une énergie dont vous avez besoin pour influencer les gens. Ne donnez pas votre attention à des sujets vains, nuls, ou insignifiants, quelque agrément que cela puisse comporter. Autant d'impulsions vous refusez de satisfaire, autant de fois vous ajoutez quelque chose à votre réserve de force nerveuse.

Évitez de mettre dans vos paroles ou vos actes la moindre animation irréfléchie. Ne réagissez pas à ce qu'on vous dit. Soyez impassible. Ne commentez pas les paroles qu'on vous adresse. Ne donnez pas de signe extérieur de votre état d'esprit. Ne dites rien en vue de déterminer la sympathie, la flatterie, l'étonnement ou l'approbation. Chaque fois que vous réprimez une impulsion à parler sans utilité vous conservez en vous une quantité de force nerveuse, qui, autrement, serait dépensée sans profit. Au bout de seulement quatre à cinq jours de mise en pratique de tout ceci vous éprouverez le sentiment intérieur qu'il y a en vous une réserve de force. Votre cerveau fonctionnera avec une merveilleuse souplesse, vos idées seront claires, votre mémoire rapide, etc., etc.

Tout désir doit être considéré comme impulsion. — Tout désir dont l'accomplissement est inutile ou nuisible (c'est-à-dire 90%) devrait être supprimé, demeurer insatisfait, car sa satisfaction est une perte d'énergie nerveuse.

Comment influer sur une personne présente. — En lui parlant faites attention de penser fortement ce que vous voulez lui inculquer. Cela vous sera aisé si vous suivez nos précédentes indications pour la production intensive et l'accumulation de la force nerveuse. Suivez vos paroles par la pensée. Tâchez de traduire sous forme d'image mentale ce que vous voulez obtenir du « sujet ».

Par exemple, si vous dites : « Aurais-je l'avantage de vous voir demain à pareille heure ? » Imaginez-vous, comme si vous le voyiez par avance, le moment du lendemain où la personne devra revenir et imaginez cette personne arrivant, souriant, vous tendant la main exactement comme à l'habitude. Si vous dites : « J'irai tel jour à tel endroit » et que vous ayez le désir d'obtenir que la personne à qui vous parlez y vienne pour vous voir, représentez-vous mentalement l'endroit où vous voulez aller, le sujet y arrivant, vous apercevant, venant vous parler, etc., etc. Ce procédé crée les vibrations voulues pour faire naître dans l'esprit du « sujet » l'image même que vous vous représentez. C'est vous dire que vous ne devez jamais manquer, en donnant une suggestion mentale de vous représenter le « sujet » accomplissant cette suggestion et *satisfait de l'accomplir.*

Dans la vie courante entraînez-vous à accompagner vos paroles de suggestions mentales. Veuillez fortement qu'on accepte ce que vous dites.

Si vous voulez suggestionner une personne présente sans lui parler, représentez-vous mentalement cette personne pensant ce que vous voulez, éprouvant les désirs en rapport, les accomplissant, etc.

Procédé pour agir à distance. — Revenant sur notre décision de ne pas mettre à la portée de n'importe qui les procédés exacts d'influence à distance, nous allons les exposer sans rien laisser dans l'ombre. Mieux vaut qu'ils se répandent, même s'il se produit quelques abus, car cette science apportera à l'esprit humain un progrès dont il a grand besoin puisqu'on s'entretue encore fréquemment pour des raisons matérielles. Notre méthode substitue des moyens d'action subtils aux moyens matériels. Elle oblige, d'ailleurs, la personne qui veut s'en servir à se contrôler, à vouloir énergiquement et à raisonner.

Pour que vos pensées se transmettent et aillent solliciter avec suffisamment de puissance la mentalité de la personne à qui vous pensez, quatre conditions sont nécessaires :

1° La netteté : vous devez envisager ce que vous voulez avec précision, avec clarté, sous forme d'une image nette et bien arrêtée ;

2° La fixité concentrative : toute votre attention doit être concentrée sur l'image précitée laquelle doit être fixement maintenue dans votre esprit ;

3° La continuité : il ne suffit pas de maintenir l'image quelques instants : il faut le faire longuement, durant 15, 30, 45 minutes ou plus si c'est nécessaire, et recommencer chaque jour jusqu'à ce que le résultat soit obtenu ;

4° L'intensité volontaire : en vous livrant à la concentration il faut maintenir le désir ardent, la volonté impérieuse d'obtenir du sujet ce que vous désirez... En tenant compte de tout cela, voici exactement comment procéder :

Premier temps : asseyez-vous confortablement dans un endroit paisible, fermez vos yeux, détendez vos muscles et imposez-vous 5 minutes de complète immobilité.

Deuxième temps : Imaginez que la personne que vous voulez influencer est à quelques pas de vous, ou encore que vous la voyez là où elle est. Représentez-vous mentalement son visage, ses traits, sa silhouette. Ne vous préoccupez, durant 10 à 15 minutes que de vous en faire un portrait exact, vivant, précis. Aidez vos souvenirs d'une photo si vous le voulez.

Troisième temps : Maintenant, imaginez que votre sujet se trouve soudain frappé par le souvenir de vous, que votre image lui vient à la mémoire, qu'il vous voit en idée, qu'il pense à vous, qu'il ne peut se détacher de la vision de votre image, qu'il se complaît à la considérer, etc., continuez durant 10 à 15 minutes. Ne vous crispez pas. Pensez calmement à ce que vous faites. Dites-vous continuellement : « Je l'oblige à penser à moi... il ne peut faire autrement... cette image s'impose à son esprit..., etc. » Naturellement voyez en même temps ceci sous forme d'image, comme vous le verriez dans un cinématographe.

Quatrième temps : Imaginez ensuite que le sujet éprouve les sensations, les impulsions, les états d'esprit que vous voudriez qu'il ait à votre égard. Voyez-le, pensif, avec votre image devant les yeux et se répétant : « Je me sens attiré vers cette personne... j'ai envie de la voir... je suis bien auprès d'elle... j'ai envie de lui être agréable, etc. », ou quelque chose d'analogue. Poursuivez durant 20, 30 minutes ou plus. Recommencez tous les jours.

Détail des suggestions. — Plus l'état réel des sentiments du sujet à votre égard est différent de celui que vous lui suggérez, plus il faudra répéter la séance avant d'obtenir le résultat. Comme nous l'expliquons dans le livre intitulé *Psychologie de l'Amour* votre action psychique à distance rencontre dans la mentalité du sujet une plus ou moins grande résistance, laquelle s'atténue peu à peu sous l'effet des vagues d'ondulations psychiques que vous projetez et qui finissent par s'imposer et modifient le tonus vibratoire du mental du sujet.

Le sujet peut-il résister ? — La résistance du sujet est inconsciente quand elle existe. Elle provient surtout des tendances de son caractère qui sont antagonistes de ce que vous voulez. Mais votre action télépsychique modifie peu à peu les déterminations du sujet et, à moins d'être au courant de la science psychique, il n'a même pas l'idée de résister puisqu'il ignore qu'on peut l'influencer invisiblement.

Tout le monde peut réussir. — La faculté d'agir à distance par la pensée mue par la volonté est inhérente à l'être humain. Il n'y a pas le moindre doute à ce sujet. Vous pouvez parfaitement réussir. Ce phénomène n'a en somme rien d'extraordinaire : il s'explique tout naturellement[22]. Encore peu connu il constitue pour ceux qui veulent faire un effort un moyen d'action singulièrement précieux.

---

22 Pour ce qui concerne les procédés de magnétisation, voir, du même auteur, *Initiation à l'Art de guérir par le Magnétisme humain.*

CHAPITRE VIII

ACTION DIRECTE DE LA VOLONTÉ SUR LE DESTIN

1. TOUTE REPRÉSENTATION MENTALE NOUS AIMANTE VERS SON OBJET OU AIMANTE CELUI-CI VERS NOUS. — 2. L'ENCHAÎNEMENT CAUSAL. — 3. QUELQUES EXEMPLES SUGGESTIFS DE PRÉVISION. — 4. INDICATIONS PRATIQUES.

1. Toute représentation mentale nous aimante vers son objet ou aimante celui-ci vers nous. — Les notions qui suivent sont simplement proposées aux méditations de nos lecteurs. Nous laissons à leur expérience le soin de les accueillir ou de les rejeter. Nos observations personnelles nous les firent envisager avant même d'en trouver la confirmation dans ce qu'on nomme l'*occultisme*. D'après ce dernier système, tout être se trouve en voie d'évolution et la finalité de l'existence est l'acquisition de la Connaissance. L'homme serait formé d'un certain nombre de corps interpénétrés, constitués chacun d'une substance différente, et chacun de ces corps posséderait des facultés propres. Ainsi les occultistes différencient notre corps visible dont l'atome est celui de la matière physique et qui est le siège de la vie sensorielle, du corps dit « astral » dont la substance n'est perceptible que dans certaines conditions et qui est le siège de la vie émotionnelle et du corps dit « mental » plus subtil encore que le précédent et siège de la vie intellectuelle. De même que nous sommes baignés par l'air (matière physique gazeuse) nous le serions aussi par un vaste océan de ces autres matières d'essences différentes desquelles sont faites nos corps « astral » et « mental ». Nos activités émotionnelles et intellectuelles auraient une répercussion invisible mais génératrice de résultantes tangibles sur leurs plans respectifs c'est-à-dire sur l'ensemble omnilatent des substances astrales et mentales. Nous ne dissimulons pas de quelle obscurité doit sembler ce succinct exposé à ceux pour lesquels elles sont entièrement nouvelles et nous les renvoyons aux ouvrages spéciaux s'ils veulent les approfondir. Ce qu'il importe de mettre en lumière présentement, c'est que ces théories paraissent se vérifier quant aux résultantes dont nous parlions plus haut. Ainsi lorsque vous éprouvez un état affectif quelconque celui-ci, paraît-il, ne reste pas à l'état virtuel, il détermine dans le plan astral des formes particulières, ils mettent également en jeu divers agents qui à leur tour réagissent sur vous. Une émotion définie, la colère, par exemple, opère sur le plan astral une violente perturbation dont on subit les remous et attire des forces ou des influences destructrices. Le désir d'un objet surtout accompagné de sa représentation mentale agit invisiblement de telle manière que s'il persiste un certain temps, ou nous attirons à nous une personne susceptible de mettre réellement en notre possession ce à quoi nous avons pensé, ou nous créons sur les causalités ambiantes une action les modifiant de telle manière que nous serions bientôt mis à même d'obtenir l'objet en question.

En fait, chacun de nous ne constate-t-il pas une apparence de rapport entre certains de ses mouvements psychiques et certains événements survenant parfois très rapidement, après la mise en jeu de votre volonté, parfois à échéance ? Vous avez égaré un outil, un livre, un document. Vous le cherchez activement, durant un moment, sans le découvrir. De guerre lasse, vous renoncez à le retrouver immédiatement et après quelques minutes d'un état mental flottant où vous supputez l'emploi immédiat de votre temps, l'idée — plus ou moins en rapport avec ces supputations — vous vient d'aller dans tel endroit de votre appartement, vers tel meuble où vous êtes tout surpris de mettre la main sur l'objet tant égaré. Autre exemple : Vous vous absorbez depuis un certain temps dans un travail pour lequel vous auriez besoin d'une indication, d'un livre, d'une contribution quelconque que vous ne voyez pas du tout comment vous procurer. Et par la source la plus inattendue voilà qu'à votre demande mentale une réponse tangible vous arrive. En raison d'une loi affirmée par les occultistes qui répètent la science des anciens initiés, la pensée tend à se réaliser, met en œuvre les agents et les influences voulus pour cela. Il semble *à priori* qu'un démenti formel est fourni à cette affirmation par l'opposition manifeste de ce qui nous survient et de ce qui nous aurait convenu. Mais la multiplicité de nos volitions et de leur antagonisme n'expliquent-ils pas suffisamment nos déconvenues ? Sous l'impulsion du vouloir les invisibles facteurs de réalisation réagissent, mais en quelle infinité de désirs, d'aspirations, de tendances plus ou moins contradictoires n'émiettons-nous pas leur docile concours.

« Vouloir à la fois, avons-nous écrit d'autre part, l'équilibre physiologique, le bien-être constant et d'intensives jouissances ; désirer en même temps les lumières de la connaissance, les satisfactions passionnelles ; rechercher parallèlement une fortune colossale et la culture esthétique ; prétendre accomplir une œuvre grandiose et vivre un amour éperdu c'est émettre deux courants de force qui tendent à se neutraliser. »

On remarque des gens auxquels tout semble venir à souhait : observons-les, nous constaterons qu'ils sont de ceux dont la pensée demeure constamment fixée vers un même objectif. Inversement, nous voyons des individus intelligents, très cultivés, actifs à leur manière et auxquels rien ne réussit : n'éparpillent-ils pas leur faculté volitive, sur un trop grand nombre de points de vue ?

2. L'enchaînement causal. — Les pensées de même nature s'attirent ; les pensées de nature opposée se repoussent. Autrement dit, la modalité habituelle de vos états d'âme vous met en rapport et vous y maintient avec ceux qui s'entretiennent dans des dispositions analogues aux vôtres. Cette loi se dégage des divers écrits de l'école occultiste. Communément, on l'entend formuler ainsi : « Qui se ressemble s'assemble. » Mais la signification de ce dicton se limite, dans l'esprit de la plupart d'entre nous à l'idée d'une sélection toute psychologique. Certaines rencontres fortuites suggèrent une extension de cette interprétation. La télépsychie — désormais entrée dans le domaine positif suffirait à expliquer la mise en rapport, à travers la distance de deux mentalités correspondantes ou complémentaires et la formation d'une chaîne, d'un courant d'attraction allant sans cesse de l'une à l'autre jusqu'au jour où, matériellement, elles se rencontreront.

S'il est vrai que nos secrètes intentions sont susceptibles d'abduction sur ceux dont les lumières, le concours, l'appui, les services nous seraient utiles, il semble que, par cela même et dans une large mesure, nous pouvons conditionner certaines circonstances de notre destin. Ce qui nous survient aujourd'hui serait la conséquence de nos pensées précédentes, de même que celles auxquelles nous nous livrons présentement vont influer sur les causalités génératrices des événements du futur.

La prédiction de l'avenir — acquise, comme la télépsychie — à la science moderne, montre qu'avant sa manifestation matérielle, toute éventualité préexiste à elle-même. Un fait serait la résultante d'une série de causalités que certains êtres peuvent percevoir et apprécier par avance.

3. Quelques exemples suggestifs de prévision. — Dans son ouvrage intitulé « *Les Phénomènes psychiques* », le Docteur Maxwell rapporte qu'un de ses sujets eut un jour, en fixant un cristal, la vision d'un paquebot en flammes.

Il décrivit les péripéties de l'incendie et indiqua un nom qu'il voyait sur les flancs du navire : « Leutschland ». Une semaine après le bâtiment « Deutschland », victime d'un sinistre, sombrait dans l'Atlantique. Le sujet, au cours de sa prévision, lut un L au lieu d'un D, il est vrai, mais on s'accordera à tenir pour insignifiante cette petite confusion, d'autant que l'initiale du navire pouvait se trouver tant soit peu effacée et affecter la forme d'un L. Voici, donc, un naufrage qui se trouvait déterminé au moins huit jours avant de survenir réellement. Virtuellement, les éléments qui le nécessitèrent purent donc se refléter sous forme d'une image précise et perceptible par un être pourvu de facultés supra normales.

M. Flammarion, dans « *La Mort et son mystère* » cite un autre fait de prévision plus suggestif encore que le précédent au point de vue qui nous occupe :

« Le professeur Bœhm qui enseignait les mathémati-
« ques à Marburg, étant un soir avec un de ses amis fut
« tout à coup pénétré de la conviction qu'il devait rentrer
« chez lui. Mais comme il prenait très tranquillement son
« thé il résista à cette inspiration qui revint cependant avec
« une telle force qu'il fut obligé de céder. Arrivé chez lui il
« trouva tout comme il l'avait laissé, mais se sentit poussé à
« changer son lit de place ; si absurde que lui parût cet ordre
« mental, il sentit qu'il devait le faire, appela la domestique
« et tira avec son aide le lit d'un autre côté de la chambre.
« Ceci fait il se sentit tout à fait à son aise et retourna finir
« la soirée avec ses amis. On se sépara à dix heures. Il ren-
« tra, se coucha et s'endormit. Il fut éveillé la nuit par un

« grand fracas et s'aperçut qu'une grosse poutre était tom-
« bée, entraînant une partie du plafond et gisait à l'endroit
« que son lit avait occupé. »

Un élément mis en jeu par la volonté de M. Bœhm ne semble-t-il pas dans ce qui précède, être survenu pour lui communiquer les inspirations, les impulsions indispensables à sa sécurité.

Fatalement, il était prédestiné à quelque grave fracture, probablement même à la mort dans la nuit où eut lieu la chute de la poutre en question. Le mystérieux mécanisme en vertu duquel il fut averti et sauvé, comment l'expliquer autrement que par les données déjà exposées, c'est-à-dire par le concours d'un « plan » réactionné sous l'activité de l'intelligence humaine.

On peut se demander pourquoi, étant entendu que nous redoutons tous les accidents, nous ne sommes pas, au moment du danger, aussi efficacement secourus. Cette objection, encore qu'elle laisse intact le problème posé par le cas d'espèce précédent, ressemble à celle qu'on pourrait élever dans des circonstances où deux hommes courant le même péril, les facultés de l'un, — son sang-froid par exemple, — lui auraient permis de s'en tirer indemne, tandis que l'autre moins heureusement doué, aurait succombé.

4. Indications pratiques. — Nous ne nous flattons pas que tous nos lecteurs nous suivront sur le terrain qui précède. Nous avons néanmoins tenu à ne pas passer sous silence cette face de la question du pouvoir de la volonté. D'ailleurs que l'on admette ou non l'action de la pensée sur les causes secondes, reste à considérer l'effet indirect de notre rectitude mentale sur notre destin et les mêmes principes directifs s'imposent.

En adoptant une orientation fixe à laquelle on subordonne toutes ses aspirations à la principale, on satisfait également aux lois de la raison et aux principes du psychisme. En effet, le rationaliste considérera qu'il utilise ainsi judicieusement son énergie mentale et l'occultiste aura en vue la nécessité d'insister sur la formation des mêmes images mentales pour assurer leur réalisation.

De même, s'efforcer d'entretenir en soi, malgré les diverses causes perturbatrices qui peuvent survenir, une parfaite égalité d'humeur, ce sera, pour l'un, une sage mesure de maîtrise de soi et pour l'autre l'observance de la loi d'attraction des conditions de la quiétude par la culture de ce dernier état d'âme.

Parallèlement, la physiologie indique que le pessimisme, la haine, la colère, intoxiquent l'organisme et les adeptes de la magie soutiennent qu'ils attirent à nous des forces destructrices, et des événements violents.

L'obéissance aveugle aux passions émotionnelles jugée des deux points de vue différents conduit à une conclusion identique : qu'il faut dominer son impulsivité ; les uns en voient la nécessité à cause du désordre psychique inhérent aux états émotifs trop intenses ; les autres songent que tolérant en eux-mêmes un grave dérèglement, ils en préparent un corrélatif dans le plan causal des événements, pour un avenir plus ou moins éloigné.

Les théories occultistes indiquent, comme application pratique directe de la volonté au destin, des procédés extrêmement compliqués. Nous les considérons comme des moyens mécaniques de sustenter la concentration mentale. Ils sont certainement inutiles à ceux qui se sont entraînés sérieusement à vouloir. On peut ramener le cérémonial de la magie à un simple effort volitif.

A vos moments de méditation, notamment lorsque vous vous sentez l'esprit dispos, et que vous avez soigneusement précisé les données des problèmes que vous vous proposez de réaliser, les attributs de l'homme que vous voulez devenir, les conditions matérielles et morales de la situation vers laquelle, vous tendez, songez qu'autour de vous s'étend un invisible agent, véhicule docile des vouloirs précis, continus et énergiques.

Vous rappelant tous les motifs qui vous soutiennent dans la lutte journalière, contemplez ces motifs jusqu'à ce que vous sentiez en vous un mouvement enthousiaste d'activité. Puis, canalisant cette vague d'énergie, projetez-la calmement en définissant aussi nettement que possible ce que vous voulez obtenir.

Prenez garde d'éviter l'agitation, la surexcitation et de demeurer entièrement maître de vous. Veuillez avec la puissance tranquille de l'homme qui sait exactement ce qu'il recherche et qui s'affirme continuellement qu'il réussira à le déterminer.

En vous représentant imaginativement les événements que vous souhaitez, dans tous leurs détails et si possible dans leur enchaînement logique, répétez intérieurement avec énergie : « C'est de cette manière que je veux voir tourner les choses », « Ma vie va se conditionner de cette façon », « Je crée les conditions déterminantes de ce que je désire », etc., etc.

Par elle-même cette pratique a l'excellent effet d'ancrer les résolutions, d'éliminer le doute paralysant, et de maintenir l'esprit vers les principaux points qui sollicitent l'attention.

CHAPITRE IX

COMMENT POURSUIVRE LE DÉVELOPPEMENT DE VOTRE VOLONTÉ À L'AIDE DES OUVRAGES DE L'AUTEUR

1. LE SOMMEIL ET L'ÉNERGIE. — 2. LES ÉTATS PSYCHIQUES DÉPRESSIFS. — 3. L'EMPIRE SUR SOI-MÊME. — 4. L'ASSURANCE ET LA FACILITÉ D'ÉLOCUTION. — 5. SUITE DANS LES IDÉES, MÉMOIRE ET FACILITÉ RÉDACTIONNELLES. — 6. L'HYPNOTISME ET SON RÔLE DANS L'ENTRAÎNEMENT DE LA VIGUEUR MENTALE. — 7. L'INFLUENCE TÉLÉPSYCHIQUE. — 8. L'ART DE PLAIRE ET LE CHARME. — 9. LE DISCERNEMENT DES CARACTÈRES. — 10. LES LOIS DU SUCCÈS. — 11. LA SCIENCE SECRÈTE ET SES ENSEIGNEGNEMENTS SUR LE POUVOIR DE LA VOLONTÉ.

La lecture de certains ouvrages entretient et stimule l'énergie. Tels sont ceux de l'auteur. Son œuvre forme une collection dont chaque volume apporte de nouveaux moyens, de nouvelles forces qui donnent au lecteur un nouvel élan énergétique.

Pour tirer intégralement parti de l'enseignement qui continue celui du présent manuel, il y a avantage à en prendre connaissance dans un ordre déterminé.

C'est pourquoi ce chapitre, ajouté à l'édition primitive, a semblé nécessaire :

1. Le sommeil et l'énergie. — Dès le premier chapitre l'auteur a montré l'importance de la *force nerveuse*. Or, celle-ci qu'on peut considérer comme la source même de l'énergie volitive, s'élabore principalement au cours du sommeil de chaque nuit. Si vous dormez mal ou insuffisamment, vous lirez avec profit l'insomnie vaincue, malgré les préoccupations, le bruit ou la douleur. Vous y apprendrez comment l'on s'endort aisément et sans drogues, et d'un sommeil intégral et réparateur. Une telle somniation détermine au réveil un besoin caractéristique de vouloir et d'agir.

2. Les états psychiques dépressifs. — L'esprit tourmenté, les nerfs tendus, l'homme moderne s'use, semble-t-il, sur place. Les difficultés complexes de la vie modernes ses mille et une obsédantes sollicitations multiplicatrices de convoitises, sa hâte désorientée, suffisent, en universalisant le surmenage, le désordre et les excès, à dérégler de robustes organisations psycho-nerveuses et à ruiner des vitalismes exempts de tares héréditaires. Ainsi, même en dehors des troubles issus d'anomalies constitutionnelles, observe-t-on d'innombrables variétés de délabrement neurocérébral.

Le *livre des Nerveux* indique aux intéressés comment se prémunir et réagir, comment faire d'abord, en eux-mêmes, de l'ordre et du calme, éliminer de leur psychisme les éléments désorganisateurs, y intégrer les notions qui engendrent la vigueur, la lucidité et la sérénité. Les surmenés, les fléchissants, vont apprendre comment toute tension excessive des nerfs et du cerveau peut être compensée, comment, en pleine menace, juguler le tumulte émotionnel, surmonter la panique intellectuelle et rallier ses énergies réalisatrices. En ce qui concerne les chocs qui ébranlent les adversités qui désorganisent, les meurtrissures qui anéantissent, nous disons comment concevoir pour s'entraîner à l'opposer aux hostilités inséparables de la vie une sorte de stratégie individuelle faite de vigilant réalisme pour prévenir et d'imperturbabilité résolue pour subir l'inévitable puis recouvrer, dans le plus bref délai, l'intégral équilibre et la paix intérieure.

3. L'empire sur soi-même. — Dans le présent ouvrage, nous avons envisagé le pouvoir de la volonté sous trois angles distincts. Mais il convient de s'attacher avant tout à développer l'empire sur soi-même car, faute de se contrôler, on ne saurait exercer profitablement l'influence de la volonté sur les autres et sur les agents du destin.

Un traité spécial *Méthode rationnelle pour acquérir la maîtrise de soi-même* est à la disposition de ceux qui désirent apprendre à devenir énergiques, à surmonter leurs faiblesses, à gouverner leurs instincts, à dominer leurs émotions, à diriger leur pensée et à agir, constamment avec fermeté.

Au chapitre V, il a été question de l'autosuggestion. Ce procédé est susceptible de nombreuses applications, toutes décrites d'une manière détaillée dans la *Méthode pratique d'autosuggestion* de l'auteur. En s'autosuggestionnant, chacun peut modifier sa personnalité, ses tendances, ses penchants, rompre toute habitude, acquérir l'imperturbabilité, la force de caractère, la fermeté qui caractérisent l'empire sui soi-même, entreprendre, enfin, la culture de toute faculté.

Toutes les maladies organiques, nerveuses ou morales sont rapidement améliorées sous l'effet de l'autosuggestion et la plupart d'entre elles sont radicalement guéries. On ne compte plus les désespérés, les infirmes, les incurables qui se sont guéris en utilisant le pouvoir de la pensée.

Ce livre essentiellement pratique, constitue un manuel clair et précis, d'où sont bannies les exagérations et les illogismes, qui ont longtemps écarté les gens sérieux de l'étude des questions psychiques.

Une importante partie traite de l'art de suggestionner autrui et d'opérer ainsi les rééducations et guérisons rendues possibles par le maniement du subconscient.

4. L'assurance et la facilité d'élocution. — En travaillant leur empire sur eux-mêmes, les plus timides acquièrent une certaine imperturbabilité. Mais l'homme désireux d'éliminer de lui-même tout vestige de timidité, en société, dans les affaires et dans la vie privée doit parfois lutter fort longtemps pour se libérer définitivement et complètement de ses prédispositions natives.

Voici un guide sûr pour cultiver l'assurance sous toutes ses formes : *La timidité vaincue,* clair et pratique, il permet réellement aux natures les plus foncièrement timides, impressionnables, craintives, de devenir fortes et hardies, difficiles à émouvoir, calmes et lucides en toutes circonstances.

Il existe des livres où l'on décrit les manifestations de la timidité. Celui-ci montre, positivement, comment s'en débarrasser rapidement et pour toujours.

Après l'avoir mis en pratique, si l'on désire devenir capable de parler en public, de réussir dans la vente et la représentation ou plus simplement de se fortifier au point de vue autorité persuasive, on abordera l'*Education de la parole* manuel de la facilité, de la clarté et de la correction du langage.

Exclusivement pratique, de la première ligne à la dernière, il montre comment acquérir méthodiquement :

Les idées, le savoir indispensables pour intéresser ceux à qui l'on parle et prendre part brillamment à toute conversation.

L'abondance des mots, des tournures, des expressions, des phrases, abondance grâce à laquelle vous exprimerez toujours exactement vos pensées, avec clarté, avec force.

La sonorité vocale et la prononciation correcte, distincte, expressive qui donneront à vos paroles le charme et la distinction.

L'assurance, le calme et l'habileté persuasive dont l'utilisation, dans les affaires notamment, constitue l'un des plus précieux avantages qui soient.

5. Suite dans les idées, mémoire et aptitudes rédactionnelles. — Vous pouvez devenir capable d'apprendre toutes choses aisément et vite, de les graver dans votre esprit, d'une manière indélébile, de vous les rappeler à volonté, sans oublis, ni confusion. Vous pouvez atteindre le niveau de savoir nécessaire à une carrière brillante. — Vous pouvez acquérir la compétence et l'habileté professionnelle de l'homme qui réussit. Pour cela pénétrez-vous des principes exposés dans notre livre *Comment obtenir une parfaite mémoire.*

Cette méthode montre comment acquérir cet à-propos continuel du souvenir, ce rappel instantané, qui, en toute circonstance, fait surgir en bon ordre, des profondeurs de la mémoire, la totalité des notions susceptibles d'inspirer heureusement la parole, d'affermir et de déterminer la volonté, de donner, enfin, au jugement une sûreté immédiate.

Une fois votre mémoire bien organisée et bien exercée, vous serez à même, d'apprendre à vous exprimer aisément et correctement par écrit, à l'aide du livre intitulé l'*Education du Style.*

Dans une première partie, cet ouvrage s'efforce de guider le lecteur dont l'objectif se limite à savoir rédiger convenablement un texte utilitaire quelconque : lettre, rapport, exposé, etc.

La seconde partie aborde la composition littéraire, non seulement en ce qui concerne l'écriture proprement dite, mais aussi et surtout les sources d'inspiration et la coordination de celle-ci en créations originales.

Les auteurs se sont efforcés d'être utiles au plus grand nombre. Ils montrent la voie à l'autodidacte désireux d'exécuter honorablement toute besogne rédactionnelle et ils orientent ceux qui possèdent, sans savoir encore en tirer parti, les qualifications d'un écrivain.

6. L'Hypnotisme et son rôle dans l'entraînement de la vigueur mentale. — La pratique de l'hypnotisme exerce la volonté comme le mouvement exerce les muscles. Or, la *Méthode scientifique moderne de Magnétisme, Hypnotisme et Suggestion*, de l'auteur, donne les instructions les plus claires et les plus précises pour s'entraîner à l'hypnotisme. C'est un *Cours pratique complet*. Rigoureusement scientifique, il met, néanmoins, intégralement à la portée de tous la connaissance, les procédés et les diverses possibilités du psychisme. On y trouvera notamment, illustrées par la gravure, *les méthodes les plus efficaces pour produire toutes les phases de l'hypnose*, depuis les plus légers effets à l'état de veille jusqu'au somnambulisme artificiel. Tous les travaux publiés jusqu'à ce jour dans les deux mondes sur les sciences psychiques sont *pratiquement* résumés dans ce volume qui traite à fond : l'hypnotisme sensoriel, la suggestion, le magnétisme physiologique, l'action télépsychique, la lucidité, la clairvoyance, l'extériorisation de la sensibilité, le dédoublement, les phénomènes médiumniques, la médecine psychomagnétique, l'auto-culture psychique et le magnétisme personnel.

7. L'influence télépsychique. — Cette influence, nous l'avons vu au chapitre VII, communique et fait graduellement prédominer les pensées fortes et soutenues dans l'esprit de ceux qui en sont l'objet.

Toute pensée émise avec vigueur et insistance paraît posséder la propriété de s'irradier, de se communiquer, de s'imposer... Ainsi s'expliquent nombre de phénomènes étranges qui intriguent la science depuis des années. Ainsi s'explique aussi l'indéniable puissance dominatrice de certaines individualités.

Dans l'ouvrage intitulé l'*Hypnotisme à distance*, le lecteur trouvera clairement exposés les procédés de l'action télépsychique.

Après avoir énoncé les lois de la télépsychie, l'auteur détaille le processus de leurs applications expérimentales : *communications concertées, transmission de pensée à l'état de veille ou d'hypnose, suggestion mentale,* etc... Puis il s'étend sur le rôle et les adaptations pratiques de l'influence télépsychique dans la vie quotidienne et il montre comment, *de loin comme de près, sans la voir, sans lui parler, chacun peut influer sur une personne qui l'intéresse.*

8. L'art de plaire et l'attirance séductrice. — Pour influer utilement sur une personne que vous voudriez voir partager vos sentiments, la première condition est de rester maître de vos moyens en sa présence, la seconde consiste à l'impressionner favorablement, chose qui vous sera d'autant plus facile que vous aurez apporté plus d'attention à développer votre attirance, votre charme, votre « magnétisme » personnel.

Deux volumes vous sont proposés à ce sujet. L'un traite de la *Psychologie de l'amour,* au triple point de vue sensoriel, sentimental et cérébral.

En lisant cet ouvrage, vous comprendrez les lois de l'enchaînement amoureux. Il explique clairement comment s'établit — parfois instantanément — l'irrésistible emprise de l'amour sur le cœur, l'esprit et les sens ; comment chacun peut développer en soi-même les éléments de ce charme qui captive, de cette puissance séductrice qui crée l'amour profond et exclusif.

L'auteur analyse subtilement les causes des déceptions, de l'indifférence, de l'abandon graduel dont souffrent tant de cœurs délaissés. Il traite spécialement de l'amour malheureux, soit occasionnellement, soit continuellement. Bien plus : il prémunit contre les déconvenues, montre comment ramener à soi l'être qui s'en écarte, comment faire prévaloir les nobles élans contre la séduction factice et les rivalités perfides ennemies du foyer. Il ouvre aux plus déshérités un lumineux horizon d'espoir en leur révélant comment ils peuvent, quels qu'ils soient, discerner qui peut les aimer suivant leur idéal.

Le second est une *Méthode de développement du charme personnel.* — En dépit des apparences les plus chétives, certains êtres sont attractifs, sympathiques, séduisants. On dit qu'ils ont du charme. Cette influence se développe selon des lois fixes au moyen de divers procédés réunis dans la *Méthode* en question, absolument unique.

9. Le discernement des caractères. — « Je sais comment le prendre, je le connais si bien », dit-on de quelqu'un dont on a pu, grâce à une longue fréquentation, observer le caractère. En fait, il est considérablement plus facile d'influer sur une personne dont on connaît les penchants que sur un inconnu. Or, toute physionomie porte l'empreinte de la personnalité.

Avant même d'aborder quelqu'un, l'examen des traits de son profil, des contours et proportions de sa face, vous livre les éléments de son caractère. L'étude des visages, aussi attrayante qu'utile, procure la satisfaction de pouvoir discerner ce que sont, véritablement, ceux qui nous entourent ou ceux avec qui nous venons en contact. Elle fournit une base solide à l'influence personnelle et en particulier à l'art de persuader, de convaincre, de conquérir car elle indique comment distinguer, d'emblée, le tempérament, les tendances, facultés, aptitudes, les goûts, les penchants de toute espèce. En particulier l'investigation psychologique des visages fournit les indices nécessaires à guider la parole et l'attitude quand il s'agit de se concilier la sympathie et l'affection de quelqu'un, de la conserver, de choisir ses amis, de trouver la voie pour laquelle votre enfant est doué, de conclure une affaire, une association, une union et d'éviter, en tout, de mal placer sa confiance.

Vous lirez donc, avec le plus grand intérêt, *Les marques révélatrices du caractère et du destin.*

L'auteur a fait de son livre un chef-d'œuvre de clarté et de précision : dès les premières pages vous comprendrez que la forme, les prédispositions et les prédestinations sont inséparables et vous prendrez un vif plaisir à lire au plus profond des âmes, à percer les masques, à déjouer les dissimulations, à découvrir les pensées les plus cachées, à discerner le véritable mérite, les réelles qualifications et supériorités.

10. Les lois du Succès. — L'ensemble des ouvrages précédents met à la portée du lecteur toutes les connaissances susceptibles de contribuer à l'épanouissement de ses aptitudes, à la culture de son influence personnelle, de son initiative et de ses facultés réalisatrices.

Il lui reste à utiliser judicieusement les moyens de discernement et d'action qui lu i ont été, ainsi, inculqués.

C'est pourquoi le livre *Les lois du Succès* prendra place dans sa bibliothèque afin qu'il ait toujours sous la main le conseiller tactique et stratégique propre à orienter ses efforts dans la lutte pour la vie, à lui montrer comment surmonter les obstacles, résoudre les difficultés et accomplir ses desseins avec continuité.

11. La science secrète et ses enseignements sur le pouvoir de la volonté. — La science occulte — ou secrète — traite des rapports d'interdépendance qui unissent l'Homme à la Nature dans leur triple essence Spirituelle, Psychique et Fatidique. Elle montre que loin d'être isolé et réduit aux seuls moyens de son entité matérielle, l'Homme communique avec l'ensemble du Cosmos. De même qu'il subit ou actionne la matière par l'intermédiaire de ses organes physiques, il est relié par son entité dynamique ou corps sidéral, à l'intégralité des forces cosmiques et par son principe intelligent à l'Absolu Emanateur et Recteur du Monde.

Etudier cette science c'est aborder les plus Hauts Problèmes et sonder les plus Grands Mystères : c'est aussi prendre conscience des pouvoirs psychiques, latents en chacun de nous, et qui, développés par l'ascèse, permettent d'imposer au devenir, à la fatalité, l'emprise souveraine du Verbe volitif, délibéré.

Ceux qui s'y sentent disposés liront *Science Occulte et Magie Pratique* qui leur ouvrira sur les pouvoirs de l'esprit humain les plus vastes horizons, et leur fera comprendre maint phénomène mystérieux.

La Haute Magie et sa réplique subversive : la Magie noire, leurs rites, leurs pratiques, leurs prodigieux effets s'expliquent très clairement à la lueur de l'occultisme, elles découlent de ses principes mêmes. Au sein de l'invisible, un phénoménisme qui échappe encore aux modernes savants mais que l'Antiquité a bien connu sert de base aux diverses opérations magiques.

Et l'homme moderne, tout comme ses ancêtres initiés, peut — s'il sait vouloir — actionner sans épée constellée ni baguette rituelle, l'invisible « serviteur dynamique » de la Pensée.

FIN

TABLE DES MATIÈRES

CHAPITRE III
Comment acquérir une parfaite assurance

CHAPITRE IV
Comment organiser son destin

CHAPITRE V
Les grandes sources d'énergie

CHAPITRE VI
Puissance directe de la volonté sur l'organisme et comment l'exercer

CHAPITRE VII
Puissance directe de la volonté sur les autres

CHAPITRE VIII
Action directe de la Volonté sur le destin

CHAPITRE IX
Comment poursuivre le développement de votre volonté à l'aide des ouvrages de l'Auteur

CPSIA information can be obtained
at www.ICGtesting.com
Printed in the USA
BVHW040943271021
620042BV00009B/144

9 782898 060342